開業医のためのエンゲージメント経営

医療法人社団ハピコワ会 理事長
ハピコワクリニック五反田 院長
岸本久美子
Kumiko Kishimoto

CROSSMEDIA PUBLISHING

はじめに
組織の成長はエンゲージメントで決まる

保険診療のクリニックは売上を伸ばしにくい？　内科、呼吸器内科は少人数でこじんまり経営するしかない？　いいえ、そんなことはありません。

しっかりとした経営戦略を立て、スタッフがやりがいを持って働ける組織体制を整えれば、1日に120人の患者さんが訪れる人気クリニックとなり、複数の医師と協働しながら規模を拡大していくことが可能です。

私は東京都品川区東五反田で、「ハピコワクリニック五反田」というクリニックを経営している医師です。クリニックはJR五反田駅から徒歩4分、ビルの5階にあり、呼吸器内科、内科、アレルギー科、小児科を掲げています。

これまで大学病院で呼吸器内科、アレルギー科を専門としてきた経験を活かし、クリニックでは一般内科はもちろん、せきや息切れ、長引くぜんそく、アトピーや食物アレルギー、花粉症などの診療を得意としています。私のほかに、小児科専門医など複数の専門医で対応していることも特徴です。

ぜんそくは完治が難しく、治療に何年もかかることがあります。大学病院で診てきた患者さんのなかには小児科から呼吸器内科へうまく移行できず、治療を中断してしまって症状が悪化して入院してくる方もいらっしゃいました。

そこで、小児から大人まで一貫して寄り添える医療を実現したい、専門医としての知識と臨床経験を活かして適切な医療を提供したいと強く思い、２０１８年5月に開業しました。

高齢化に伴う医療費の抑制政策、人件費や物価の高騰などによって、クリニックの経営環境は厳しさを増していると言われています。

ただ、私の場合、正直なところ、それほど心配はしていませんでした。五反田は大規模な再開発が進み、ＩＴ系の企業が集まるなど勢いがありましたし、近くのクリニックで患者さんが溢れているという情報もありました。何よりも私が呼吸器内科、アレルギー科、総合内科をはじめとする複数の専門医資格を持っており、他院との差別化を図れると思っていたからです。

開業後数日は1日の患者さんが十数人という状況が続きましたが、時期的に患者さんの少ない夏であったこともあり、いずれ軌道に乗るだろうと楽観的に構えていました。

その年の秋から冬頃にかけて予想通り患者さんは増えました。このまま順調にいけば融資を返済できるだろうと思っていた矢先、開業2年目にして100年に一度のパンデミックが起きます。患者さんは9割も減少し、廃業が頭をよぎりました。

コロナ禍の経験を経て本格的に経営を学ぶ必要性を感じた私は、2022年からビジネススクールに通い、MBA（経営学修士）を取得しました。また、クリニックに特化した経営が学べる医療経営大学にも通い始め、いまでも月に一度、開業医仲間と学んでいます。

開業当初、非常勤の医師と私、医療事務の3人体制でスタートしたクリニックは、患者さんの数に比例して徐々にスタッフ数が増え、2023年6月にオープンした分院も合わせると医師8名、看護師5名、医療事務4名にまで拡大しました。

組織の成長と共に実感したのは、人材マネジメントの重要性と組織づくりの大切さです。大学病院に勤務していた頃は、プレイヤーとして診療に没頭していれば、仕事が成立していましたが、クリニックを開業して経営者になるとそうはいきません。まわりのスタッフと協働して質の高い医療を提供するためには、スタッフをマネジメントする力、スタッフを育てながら組織を持続的に成長させる力が必要不可欠です。

どうすれば、スタッフ一人ひとりが高い目標ややりがいを持って働くことができるのか。どうすれば、職場に愛着を持って長く貢献してもらえるようになるのか。試行錯誤を繰り返し、たどり着いた答えが、「エンゲージメント」という視点です。

エンゲージメントとは、組織への貢献意欲や、仕事に対するモチベーションのことで、近年、企業の人材育成の現場で注目されているキーワードです。詳しくは本章で述べますが、当院ではスタッフのエンゲージメントを高め、やりがいを持って働いてもらうためにさまざまな取り組みをしています。

本書では、当院が開業からどのように歩んできたのか、リアルなクリニック経営の姿をお伝えするとともに、特に注力してきた人材育成や組織づくりについて、エンゲージメントという視点でご紹介したいと思います。

本書を執筆しようと思った理由のひとつに、医師のみなさんにクリニックを開業・経営する楽しさをぜひ知ってほしいという思いがあります。

大学病院や総合病院などで働いている勤務医の先生のなかには、開業医はジェネラリストとしてさまざまな疾患を幅広く診るため、専門性を発揮できないのではないか、あるいは、保険診療は丁寧に診ても単価が変わらないため、売上を大きく伸ばすことができず、経営が難しいのではないかと思っている方がいらっしゃるかもしれません。しかし、それは間違いだと私は思っています。

専門医にこそ診てほしいという患者さんはたくさんいらっしゃって、実際、私のクリニックには長引くせき症状に悩む患者さんが専門的な医療を求めて遠方からも訪れます。確かに、保険診療で売上を伸ばそうとしたら、たくさんの患者さんを診るしかないのですが、オペレーションを整え、スタッフと円滑に連携すれば、十分に対応可能です。

これまでのキャリアで築いた専門性を活かしながら自分がやりたい医療を実現すること、スタッフと協働して患者さんの健康に寄与しながら組織を大きくしていくことは、開業医として働く一番の醍醐味です。

開業を検討している勤務医の先生、呼吸器内科の先生には、ぜひ本書を読んでいただき、クリニック経営を成功させるヒントを得ていただけたら幸いです。呼吸器内科医として働くことのすばらしさも伝わるといいなと思っています。

医療法人社団ハピコワ会理事長
ハピコワクリニック五反田院長
岸本久美子

開業医のためのエンゲージメント経営　目次

PART 1 戦略なき開業に成功はない
——クリニック経営に必要な視点

PART 2 開業準備と組織体制の整備

——後悔しないために知っておきたいこと

PART 3 呼吸器内科医のキャリアの描き方

――総合診療力を武器に活躍の場を広げる

PART 4

自律型人材が育つエンゲージメント経営
――成長と変化に対応できる組織づくり

Column

分院長が語るハピコワ会の魅力

カバーデザイン：城 匡史　本文デザイン・DTP：荒 好見
編集協力：藤森優香　校正：株式会社RUHIA

戦略なき開業に成功はない

――クリニック経営に必要な視点

PART 1

開業がリスクとなる時代

■都市部は競争激化、地方は患者数減少

開業すれば、患者さんが自然と集まってきたのは少し前の時代の話です。

都市部は駅前を中心にクリニックが飽和状態で、地方は人口減少に伴って、将来的に患者数が減少していくことが予想されています。

厚生労働省の資料によれば、全国の外来患者数は２０２５年にピークを迎え、65歳以上が占める割合は継続的に上昇し、２０４０年には６割になることが見込まれています（図表１－１）。また、２１４の医療圏では２０２０年までに外来患者数のピークを迎えており、すでに減少局面にあるそうです。

そのため、開業やクリニック経営においては、開業する地域の人口動態、医療ニーズなどを見定めながら、成功して生き残るための緻密な戦略を立てる必要があります。

図表1-1　外来患者数の将来推計

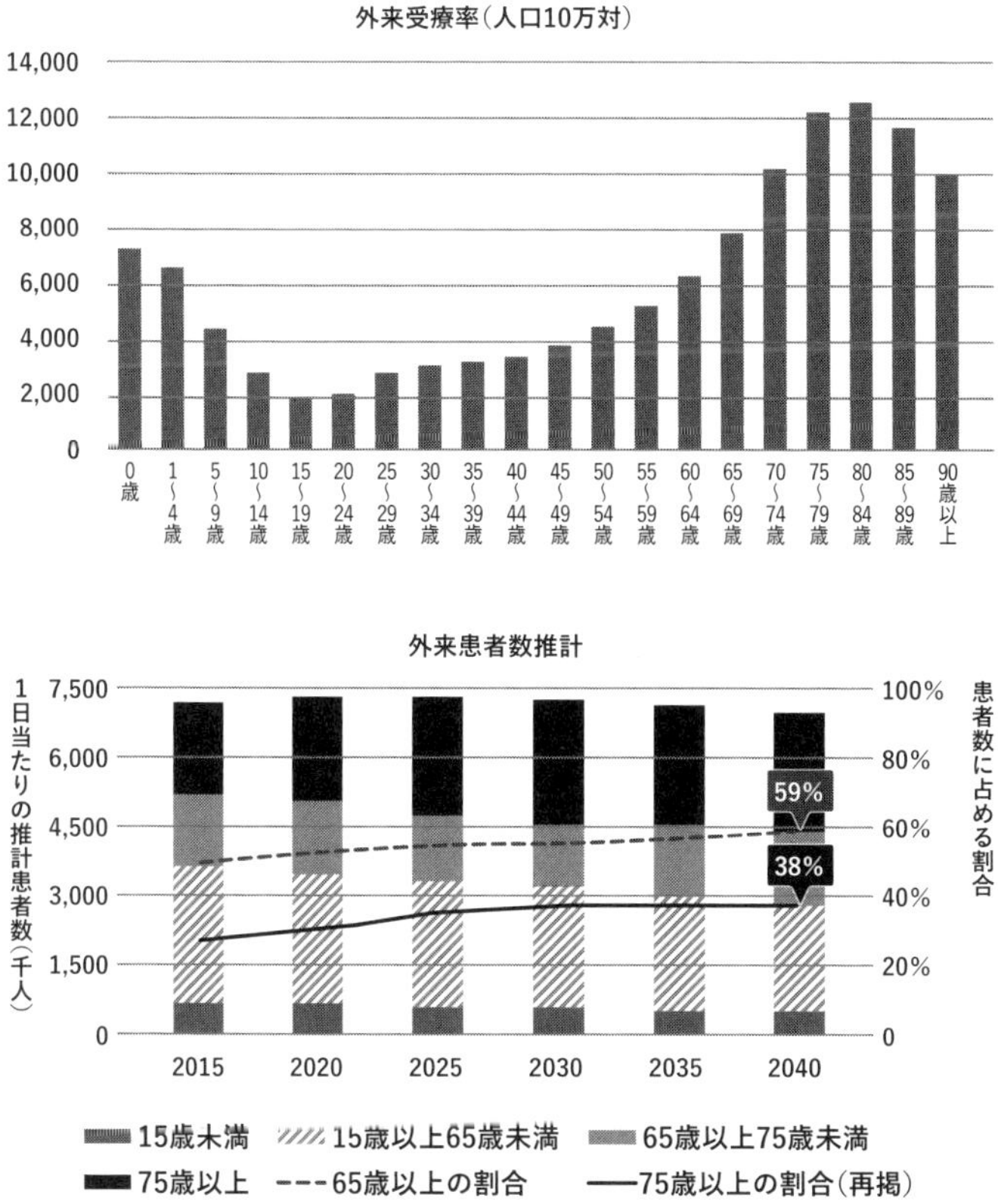

※「外来」には「通院」「往診」「訪問診療」「医師以外の訪問」が含まれる
※二次医療圏の患者数は、当該二次医療圏が属する都道府県の受療率が各医療圏に当てはまるものとして、将来の人口推計を用いて算出

出典：厚生労働省「第８次医療計画、地域医療構想等について」

図表1-2　診療報酬改定率の推移（2010年以降）

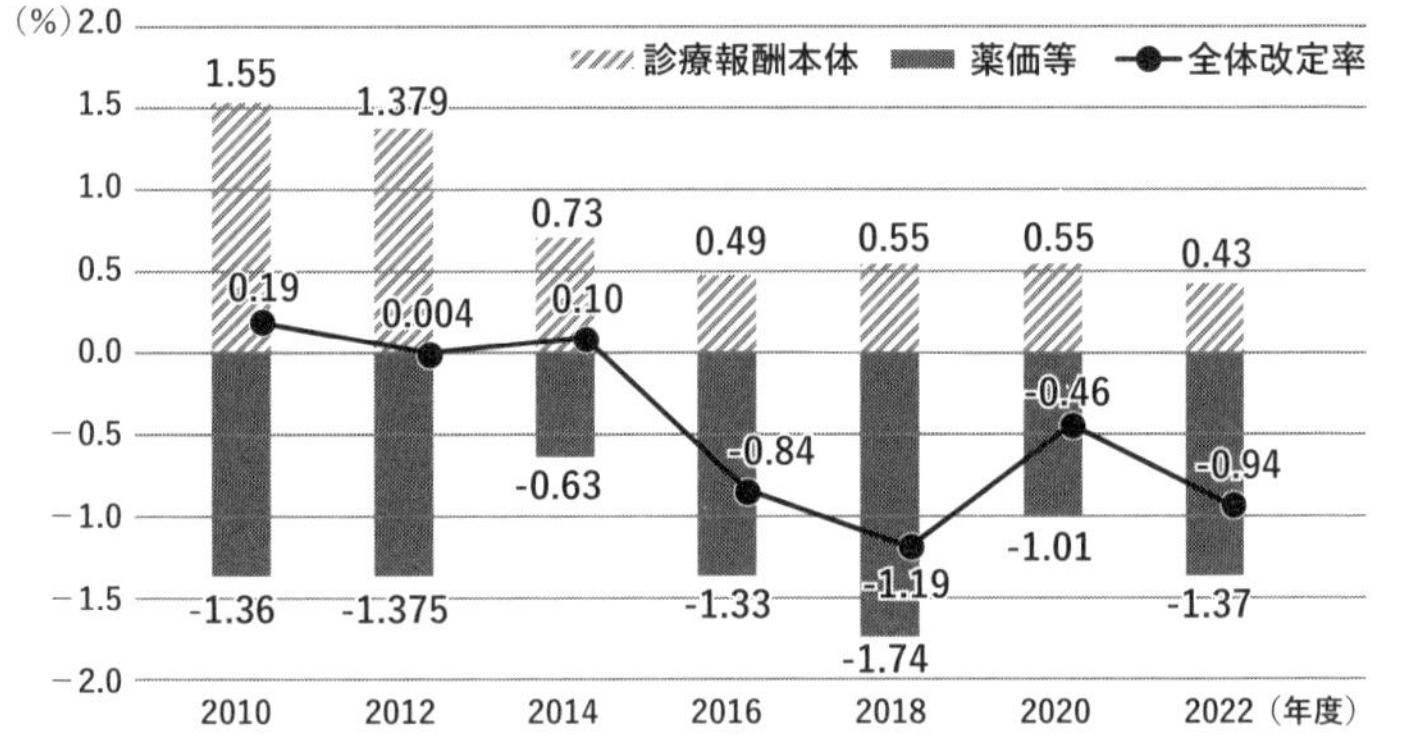

出典：厚生労働省資料をもとに作成

■医療費抑制政策とコスト負担の増加

国は、団塊の世代がすべて後期高齢者（75歳以上）になる2025年に向けて、機能分化と連携による医療の効率化を進めてきました。後期高齢者が増えれば、病気やケガで医療機関を受診する人が増え、医療費は増大します。国民医療費が40兆円を超え、国の財政がひっ迫しているなかで、医療費の伸びを抑制するために新たな医療提供体制の構築を図ってきたのです。

診療報酬は過去4回にわたり、全体でマイナス改定が続いています（図表1－2）。医師や看護師の人件費にあたる本体部分は、かろうじてプラスになっていますが、その伸び率はほんのわずかです。この間、日本では物価が高騰しており、診療材料費や光熱費が上がっています。加えて、賃上げ基調のなかで優秀なスタッフを確保・定着させるためには、給与のベースアップなども検討する必要があります。

こうしたコスト負担の増加に対して、クリニックはどのように対応していけばいいのでしょうか。診療報酬は全国一律で単価が決まっており、保険診療においては医療サービスの価格をクリニックの判断で上げることができません。**今後も診療報酬の大幅なアップが望めない以上、患者さんの数を増やす、運営コストの無駄を見直すなどの経営努力を継続していかなければならない**のです。

■患者さんの意識の変化

新型コロナウイルス感染症のパンデミックでは、患者さんの受診控えも見られました。私のクリニックでもコロナ禍では患者さんに直接受診を控えていただいたこともあり、受診数が激減しました。閑散とした院内を見て「このままではこれまでの診療に戻れないのではないか」と、とても不安になりましたが、最近はコロナ前の水準以上に回復しています。

しかしながら、**コロナ禍の行動変容やセルフメディケーションの流れにより、軽度のかぜや発熱なら自宅で様子を見たり、薬局の市販薬で済ませたりしようとする意識が少しずつ高まってきている**ように感じます。つまり、これまでクリニックを受診していた患者さんが今後は来なくなる可能性があるということです。

そうなると、従来に増して、クリニックを受診する動機づけが必要になります。開業医は診察して薬を処方すれば終わりではなく、患者さんの健康状態を継続的に把握しながら、何かあったらいつでも相談できる存在として、患者さんと信頼関係を築くことが求められます。

少し暗い話が続いてしまいましたが、私は何も開業を否定したいわけではありません。むしろ、この本では医師にとって開業がいかにすばらしいものであるかをお伝えしたいと考えています。これから開業を目指される方は、ぜひご自身の開業スタイルを確立していただきたいと願っています。そして、そのためには開業医がおかれている現状や開業に伴うリスクを知っておいてほしいのです。

開業するなら30代から準備しよう

■開業には一歩踏み出す勇気も大切

開業とは、起業して経営者になることです。すべての経営責任を自分で負うことになります。「開業したものの、経営が立ち行かなくなって潰れてしまった」では、患者さんをはじめ、雇用しているスタッフや外部の支援業者など、すべてのステークホルダーに迷惑がかかります。医師として患者さんの健康に寄与するだけでなく、経営者としてクリニックを持続させる覚悟が必要です。

とはいえ、私がどれほどの覚悟を持って開業したかというと、そこまで大きな覚悟はありませんでした。どちらかというと、「とりあえず、やってみよう」「最初からうまくいかなくても、いずれはなんとかなる」と腹をくって走り出したというほうが正しいかもしれません。

将来的にどのようなクリニックにしたいのか、そのためにはどのような戦略を立てて舵取りをしていくのか、開業場所の選定やスタッフの確保、集患・増患など、開業前に考えなければならないことはたくさんあります。それでも、まずは「えいや！」と一歩踏み出す勇気も大切です。

■開業医は勤務医の延長では務まらない

若い医師のなかには、勤務医としてキャリアを積んでから、ゆくゆくは自分のクリニックを開業したいと考えている方もいるでしょう。私は、「50歳くらいになったら開業できたらいいな」と漠然と考えていました。しかし、実際に開業したのは35歳のときです。いま振り返ると、30代で開業したことは正解でした。

もし、読者のみなさんのなかで、「自分はまだ30代だから開業はもっと先の話だ」と考えている方がいるなら、少し待ってください。私は**30代こそが開業の適齢期**だとお伝えしたいです。30歳を過ぎれば、一定の臨床経験を積んで専門医資格も取得していることと思います。そのうえで、開業に不可欠な体力もあります。

開業医は勤務医の延長では務まりません。患者さんに質の高い医療サービスを提供することは当然のこととして、**診療以外にもやらなければいけないことが山ほどある**からです。勤務医時代からの働き方や意識を変え、経営を軌道に乗せるためには想像以上にパワーが必要なのです。

40代、50代になってから開業に向けて動き始めたら、きっと、「もっと若いうちに開業しておけばよかった」と思うことになります。35歳で開業した私でも、たいていの出来事がそうでした。だからこそ、なるべく早めに動くことが大切で、長い目で見て後悔の少ない選択になるはずです。

経営を意識した診療体制を整える

■収入は「患者数×診療単価」で決まる

経営者としての開業医の使命は、クリニックの収入を上げて事業を継続させることです。そのためには、常に損益を念頭に日々の診療にあたらなければなりません。「医は仁術」と言われますが、算術も不可欠です。

私は勤務医の頃、自分の提供している医療がどのくらい病院の利益になっているのか、医薬品や診療材料の仕入れ値はいくらなのかを考えることはありませんでした。それらを考えるのは経営部門や事務部門の役割で、医師は与えられた場所で患者さんを治すことだけに集中すればよいと思っていたのです。しかし、開業してクリニックの経営者になると話は別です。経営を意識した診療体制を考えなければなりません。

クリニックの収入は、「患者数×診療単価」でおおむね決まります。**保険診療の場合、**

単価が決まっているため、収入を上げようと思ったら、患者さんをたくさん集め、医師の生産性を高めながら効率的に診療するしかありません。

ところが、クリニックの業務に不慣れな非常勤の先生のなかには、「患者さんのため」を思うばかりに、ひとりの患者さんに長い時間を費やしてしまうことがありました。患者さんの経済的な負担を考慮してなのか、必要な検査をせず、処方も出さずに帰す先生もいたのです。その後、患者さんからご意見をいただくこともしばしばありました。

もちろん、不必要な検査や処方をするべきではありません。しかし、その患者さんに必要な検査を行い、処方を出すことは収入を確保するためだけでなく、患者さんの不安を解消することにもつながるはずです。

■短い時間で効率的に診療するために

現代人の多くは忙しく、長い待ち時間を嫌がるのと同時に、できるだけ早く診療を終えて、仕事や家事・育児に戻りたい、早く家に帰って安静にしたいと思っています。そのため、**診療をスムーズに終わらせることは患者さんのメリットになる**のです。

医師はただ早く終わらせればいいのではなく、限られた時間のなかで患者さんの症状を的確に把握して、不安に寄り添わなければなりません。診察では、その患者さんがどんなことを知りたいのかを察知する力や、必要な情報を過不足なく伝えるコミュニケーションスキルが不可欠です。

当院では、丁寧な説明と診察時間の短縮を両立させるために、疾患や症状、治療法を解説したオリジナルのプリントを作成してお渡しし、ホームページで疾患情報を提供したり、吸入薬の説明にＹｏｕＴｕｂｅ動画を活用したり工夫をしています。

さらに、「不明な点があれば、メモに書いて次の診察のときに見せてください」「気になる症状が出たら動画に撮ってきてください」などとお願いし、短い診療時間でも患者さんの不安が解消できるように努めています。

オペレーションに関しても、ウェブ問診を導入してクリニックに来てからの患者さんの手間を減らし、スタッフ間のやりとりにインカムを使って、できるだけ効率よくクリニック全体が動くように連携を図っています。

ウェブ予約システムも導入していますが、どうしても患者さんが集中してしまう時間帯があり、お待たせしてしまうことがあります。そんなときは私が「今日は混んでいます。ごめんなさい」と手書きした紙を受付に貼り出しておきます。患者さんは、その日の混み具合が気になると思いますし、混んでいることがわかれば、自分が診察で話したい内容の要点を整理して話してくれたりもします。

■経営の悩みを相談できる仲間をつくる

財務や会計に関しては、わかりやすく解説している本が書店にたくさん並んでいます。YouTubeなどの無料動画や有料の動画教材でも学べるので、勉強しやすい方法を選んでひと通り知識をつけましょう。

そのうえで、税理士・会計士と打ち合わせをして、わからないことはどんどん質問します。**数字の専門家に毎月会っているのに、報告を聞くだけで終わりにするのはもったいない**と思います。

もちろん、本格的に学びたくなったら、MBAの取得を目指してビジネススクールに通うのも手です。働きながら日々の課題をこなして、スクールに通うのは大変ですが、私はMBAを取得して本当によかったと思っています。

経営に関しては相談できる仲間を持つことも重要です。私は何か困ったことがあれば、開業医が集う医療経営大学の仲間や他業界で活躍しているビジネススクール時代の仲間に相談しています。開業医の仲間からは、実現可能性の高いアドバイスが返ってきますし、異業種の仲間からは、別の視点のアドバイスがもらえて解決の糸口が見つかることがあります。多くの人の助けを借りながら、学んでいきましょう。

院長が目指すクリニックをスタッフに理解してもらう

■多様な価値観を持つスタッフとの協働

開業して身にしみて感じたことは、**勤務医として求められていた能力と、開業医としての能力はまったく別もの**だということです。

勤務医の頃は、現場の最前線でプレイヤーとして目の前の患者さんに向き合い、治療の成果を上げることが求められていました。患者さんのことを一番に考え、診療に没頭するのがいい医者だったわけです。一緒に働く医師や看護師をマネジメントする機会もないし、病院の運営方針について悩むようなこともありませんでした。

私はMBA取得を目指し、ビジネススクールで学んでいたとき、授業の課題として行った「360度評価」で、ほかの生徒から「あなたは自分にも他人にも厳し過ぎる」と言われたことがあります。学生時代や勤務医の頃は、自分に厳しい姿勢が自己成長の助けになった部分もあったと思います。しかし、開業医となり、看護師や医療事務など、**働く目的も価値観も異なるスタッフと協働するときに、医師と同じような高い要求をしても誰もついてきません。**

他人に厳しいことを自覚していた私は、スタッフの意見を積極的に取り入れ、できるだけ働きやすい環境にするために気を配っていました。ところが、スタッフが「やりたい放題」になってしまい、自分の興味のある業務だけをして、優先して取り組まなければならないことを怠ったりするようになってしまいました。

ハピコワクリニックの「ハピコワ」は「ハッピーコワーキング」の略であるため、

「楽をして働けそう」というイメージで求人に応募してくる方もいました。

「Happy（幸せに）Co（共に）Working（働く）」という言葉のベースには、「スタッフ一人ひとりが互いを尊重し、助けあいながら高めあっていく」という思いを込めていて、決して「楽ができる」という意味ではありません。

スタッフがやりたい放題になってしまったことは、組織としての確固たるミッション、ビジョン、バリューが浸透しないまま、組織がスタートしてしまったから起こったことで、私の責任だったと反省しています。

■何を目指して働くのか

スタッフの働きやすさに気を配ることは、離職を防ぎ、ストレスのない職場をつくるために大切ですが、私たちは患者さんの健康や幸福のために働き、その対価としてお金をいただいています。「患者さんのため」という、クリニックを運営するうえで最も大切な部分を理解していないと、自己満足のために働く場になってしまいます。

院長は、自分がどんな医療を提供していきたいのか、そのためにどのようなクリニックにしたいのかを繰り返しスタッフに伝え、目指すクリニックに共感してもらう

努力が必要です。

人材育成については、ＰＡＲＴ４で詳しく述べますが、いまでは、当院のスタッフは自らが掲げた行動指針に沿って、日々、患者さんに喜ばれるクリニックを目指して働いています。人材育成が仕組み化されたことで、私がいなくても困らない自律型のスタッフが育ちました。

開業に必要な「選択と集中」

■クリニックの特徴づくり

開業にあたっては、クリニックが患者さんにどのような価値を提供できるのかを明確にして、戦略を立てる必要があります。

たとえば、私の場合は、呼吸器内科やアレルギー科、総合内科の専門医資格を取得しており、その経験と専門性を活かしていきたいと思っていたので、呼吸器内科、アレルギー科、内科のすべてを標榜しました。3つの専門医を取得している医師は、かなり人数が絞られるはずです。加えて、女性医師であり細やかな診療ができること、育児中の医師であり子育ての悩みに寄り添えることなども、患者さんにとって安心材料になると考えました。

ただ、**専門性や希少性を尖らせればいいかというと、必ずしもそうとは限りません。**

私は呼吸器内科が専門ではありますが、軽い風邪症状の患者さんを診ないわけではありません。むしろ、重症になる前、はじめにせきが出だした段階で、できるだけ早く当院に来てほしいと思っています。「ただの風邪」だと思って医療機関を受診せずに過ごしている「隠れぜんそく」の方は、相当数いらっしゃいます。

そのため、当院では一般内科も標榜し、軽症の患者さんも診られる体制を整えています。これがもし「呼吸器内科」だけだったら、隠れぜんそくの患者さんを見過ごすことになりかねません。

早めに私が診れば、それほど症状が悪化することなく治療できる場合もあります。

特にぜんそくは、専門医が診るほうが治療の継続率がよく、重症化を防げると感じています。

また、当院は、小児科も標榜しています。**小児科は乳児検診や予防接種など小児科ならではの業務があり、専門医の確保やスタッフの育成に時間がかかります。**正直、小児科を開かないほうが利益率は高いのですが、「子どものときから大人になっても一貫して通い続けられるクリニック」を目指していることから、戦略として開くことにしました。

一方、２０２３年6月にオープンした分院は本院と異なり、大人を対象にした内科、呼吸器内科、アレルギー科の専門クリニックです。これは、せきやぜんそくに悩む患者さんに専門特化して、より広範囲から患者さんを集めたいという考えに基づいています。本院の経験を活かしながらリソースを配分でき、本院との差別化も図れたかなと思っています。

■限られたリソースを有効活用するために

専門領域にどの程度、集中するのか、内科領域をどこまでカバーするのかに正解はありません。自分が開業して何を目指すのか、どんな医療を提供していきたいのか、どこにやりがいを見出すのかという点と、経営面でのバランスを考えて決めていく必要があります。限られたリソースを有効活用するためには、目的に合わせた「選択と集中」が重要だと思います。

ひとつアドバイスをするなら、**標榜する診療科に関係する専門医資格はできるだけ多く取得されることをおすすめします。**他院と差別化を図れますし、「専門医の先生にこそ診てもらいたい」という患者さんは想像以上にたくさんいます。わざわざ大学病院に行かなくても、自宅や勤務先の近くで専門性の高い医療を気軽に受けられたら、患者さんも嬉しいですよね。

私はときどきテレビの情報番組などで、「呼吸器専門医」「アレルギー専門医」としてコメントをすることがあります。これも特定の分野に詳しい専門家だからこそ呼んでいただけているのだと思います。テレビに出演すると、患者さんに「私の主治医が出た！」と喜んでもらえますし、スタッフのご家族からも喜ばれます。

繰り返しになりますが、たくさんのクリニックのなかから自院を選んでもらうためには、**他院とは異なるどんな価値を提供できるのかを明確にする**ことが大切なのです。

これから開業するならどの診療科がいい？

■眼科や皮膚科はこれからも需要が見込める？

もし、自分の興味や専門などは一切考えず、経営視点のみで開業するならどの診療科がいいかを考えた場合、私だったら眼科で開業すると思います。

理由は、眼科医は検査から手術まで一貫して治療を行えるため、その分、患者さん一人当たりの単価を上げることが可能だからです。レーシックや白内障などは短時間で手術を行えるため、回転率を上げるなど工夫の余地が大きいこともメリットです。眼科医しかできない治療も多く、競争相手が少ない点も優位になると思います。

頻繁に訪れる患者さんが多いこと、検査から治療までひとりの医師が行えるという点では、皮膚科も同じだと思います。ただ、皮膚科は美容医療からの参入もあるので、競争相手が多くなるかもしれません。

■患者さんの「お困りごと」に合った医療を提供する

どの診療科で開業するとしても、自分がどんな医療を提供できるのかを考え、その**特徴が活かせる立地と設備を選ぶ**ことが大切です。

極端な話、高齢者が多い地域で小児科をオープンしても患者さんは来ませんし、都市部で白内障の手術の需要がほとんどないのに大規模な手術機器を導入しても、宝の持ち腐れとなり、無駄なランニングコストばかりがかかることになります。

医療機器などの初期投資は、高額であっても銀行が融資してくれるかもしれませんが、返済するのは院長自身です。

いくら腕のいい医師であっても、まったく求められていない医療を行っているクリニックに患者さんは訪れず、潰れてしまいます。顧客である患者さんのニーズに合った医療を提供するという視点がなければ、うまくいきません。

患者さんに選ばれるクリニックの条件

■悩みに寄り添い解決策を示す

患者さんに選ばれるクリニックになるためには、診療の質が担保されているのは前提条件として、丁寧な対応や医師のコミュニケーションスキル、利便性の高い立地、情報発信力など、さまざまな条件を満たす必要があります。そのなかでも、**私が最も重視しているのは、「患者さんの悩みやニーズに寄り添い、解決の方向性を示すこと**

ができる」です。

当院の場合は、「他院でなかなかよくならなかった症状を治したい」という患者さんのお悩みに応えるため、呼吸器内科、アレルギー内科、総合内科、小児科の専門医資格を有する複数の医師が、高い専門性を持って治療にあたるようにしています。また、小児から大人まで診る体制を整えたことで、小児が大人になっても通院先を変えることなく、継続して治療を受けられるという特徴があります。

■アクセスのしやすさ

通院の利便性も重要なポイントです。いくら自分が求める治療をしてくれるクリニックであっても、電車で何度も乗り換えなければならない場所では、足が遠のいてしまうでしょう。**都市部であれば駅からの徒歩距離、最寄り駅が複数路線からアクセスできることも大切です。**

当院がある五反田駅は、ＪＲ山手線のほか都営地下鉄浅草線や東急池上線など複数の路線が通っており、通勤途中の方も多く訪れていただいています。五反田駅だけでなく大崎駅からもアクセスが可能で、とても便利な場所にあります。

患者さんから信頼を得るための コミュニケーションスキル

■医療はサービス業である

開業医は、医療がサービス業であるという認識をしっかりと持つべきです。顧客である患者さんの人生を健康で豊かにするお手伝いをして、その対価として収入を得ていることを自覚する必要があります。

患者さんは、医師に嫌われると自分が不利益を被るかもしれないと考えているため、不満があっても口に出しません。横柄な態度は論外ですが、医学的に正しいことを押し付けるのではなく、患者さんの悩みに寄り添う姿勢が求められます。

たとえば、診療ガイドラインに従って治療しても、症状が改善されなければ意味がありません。ガイドライン通りで改善しないなら、患者さんの症状や訴えをもとに、別の検査や処方を検討したほうがいいこともあります。

■話し方、伝え方を工夫する

また、どんなに丁寧に説明しても話を聞いてもらえない、医師の指示通りに治療に臨んでくれない患者さんもいます。**私は、患者さんに話を聞いてもらえるように、印象的なエピソードを交えたり、人によって話し方を変えたりなど、患者さんの性格をよく観察しながらコミュニケーションの方法を工夫しています。**要点を絞って論理的に話すほうが頭に入る人もいれば、雑談を交えながらアイスブレイクをすることで、初めて悩みを打ち明けてくれる人もいます。

読者のみなさんのなかには、「そこまでしなければならないのか」と思う人がいるかもしれません。私も大学病院で勤務していた頃は、治療に必要のない話はしなくていいと思っていました。患者さんに、「先生はメガネじゃなくてコンタクトのほうがいいよ」と言われても、「医療とルックスは無関係ですよね」と冷たく対応していました。

開業してからは、治療に関係のない話からも得られる情報は得たいと思いますし、コンタクトレンズにしてキレイにお化粧をすることで患者さんが私の話を聞いてくれるなら、患者さんのためにお化粧をしようと思えます。「患者さんに病気を治してもらう」という最終目標のためには、柔軟に対応する必要があるのです。

リピートしてくれるファンを増やす

■経営の安定には再診率が重要

クリニックの経営を安定させるためには、当然ではありますが、患者さんの数を増やさなければなりません。当院の患者数はおおむね新規20%、再来80%の割合になっています（2023年9月現在）。当院は若年の患者さんが多く、まだ再診率が低めですが、この数値だけを見ても、患者さんのリピート率を高めることが、いかに大切かがわかると思います。

患者さんは病気やケガを治すために仕方なく来院しています。誰もが通院は億劫でしょうし、面倒なことはしたくありません。特に40代くらいまでの若い層は、自分の健康よりも仕事や育児、趣味のスケジュールを優先しがちです。

■他院にはない付加価値を提供する

患者さんにクリニックに足を運んでもらい、治療を継続してもらうためには、治療の重要性をきちんと説明して、理解してもらわなければなりません。通院の負担を減らす工夫も必要ですし、「病気になったら、またあのクリニックに行こう」と思っていただけるような努力を続けるべきです。

患者さんの視点に立てば、薬を処方してもらうためだけに行くクリニックよりも、自分の悩みをよく聞いてくれて、症状改善に向けた的確なアドバイスをくれるクリニックに行くほうがお得感がありますよね。受付や看護師の対応も含めて、**患者さんに喜んでもらえる付加価値を提供して、クリニックのファンになってもらう**ことが大切です。

真の「かかりつけ医」とは？

■かかりつけ医機能の制度整備

コロナ禍をきっかけに「かかりつけ医」の役割や重要性が改めて注目されました。日本医師会の定義によれば、かかりつけ医とは「なんでも相談できる上、最新の医療情報を熟知して、必要な時には専門医、専門医療機関を紹介でき、身近で頼りになる地域医療、保健、福祉を担う総合的な能力を有する医師」とされています。

国は2022年6月に公表した「経済財政運営と改革の基本方針（骨太の方針）2022」において、「かかりつけ医機能が発揮される制度整備を行う」と明記しました。これを受けて厚生労働省では、「かかりつけ医機能」を医療法に明記したうえで、「かかりつけ医機能報告制度」を創設し、「医療機能情報提供制度」を拡充する案を示しています（図表1－3）。

日本の医療保険制度の特徴として、「フリーアクセス」と「自由開業制」が挙げられます。これにより、患者さんは好きな医療機関を受診でき、医師は自分の好きな場所で自由に開業して、専門科を標榜できます。

一方、海外に目を向けると、たとえば、イギリスでは患者さんごとに登録したGP(General Practitioner：総合診療医≒かかりつけ医)をまず受診してから、必要に応じてGPが専門医を紹介する制度になっています。財務省や健康保険組合連合会はイギリスのような「登録制」にするよう提言していますが、そうなると、患者さんは自分が受診する医療機関を自由に選べなくなります。

どちらの制度が優れているかは別として、**今後の国の議論によっては、開業医の役割、患者さんの受診に何らかの制限がかかる可能性がある**ということです。

■患者さんの生活背景まで含めて診る

将来的に、日本の医療保険制度がどのように変わるのかはわかりません。とはいえ、開業医には、かかりつけ医としての役割がますます求められていることは確かです。**患者さんに何かあったときに一番初めに相談できる存在として、患者さんの生活環境やライフスタイル、家族構成まで踏まえた治療方針を示せる**ことは、とても大切だと

図表1-3　かかりつけ医機能が発揮される制度整備（骨格案）

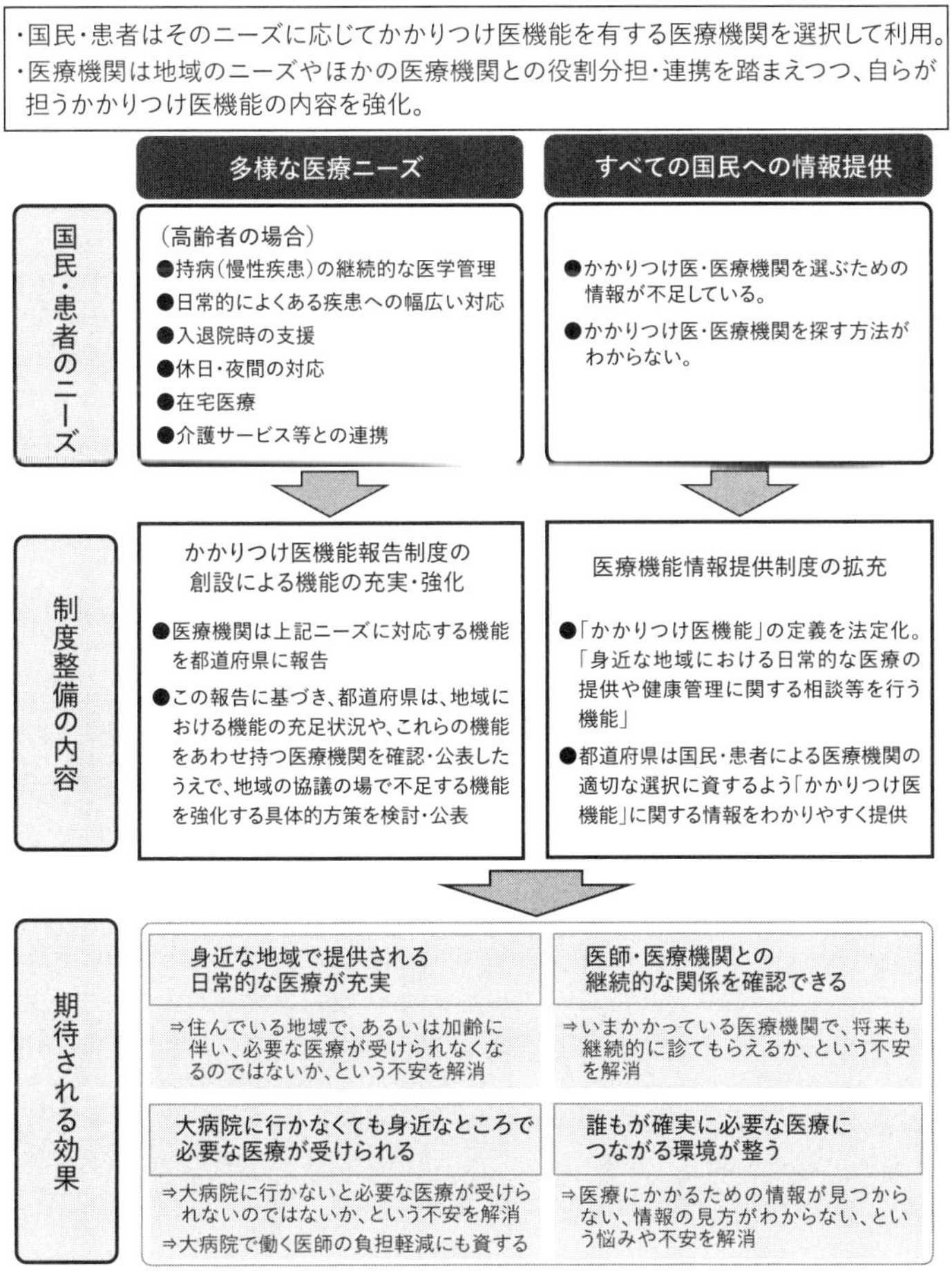
・国民・患者はそのニーズに応じてかかりつけ医機能を有する医療機関を選択して利用。
・医療機関は地域のニーズやほかの医療機関との役割分担・連携を踏まえつつ、自らが担うかかりつけ医機能の内容を強化。
多様な医療ニーズ
すべての国民への情報提供
国民・患者のニーズ
（高齢者の場合）
●持病（慢性疾患）の継続的な医学管理
●日常的によくある疾患への幅広い対応
●入退院時の支援
●休日・夜間の対応
●在宅医療
●介護サービス等との連携
●かかりつけ医・医療機関を選ぶための情報が不足している。
●かかりつけ医・医療機関を探す方法がわからない。
制度整備の内容
かかりつけ医機能報告制度の創設による機能の充実・強化
●医療機関は上記ニーズに対応する機能を都道府県に報告
●この報告に基づき、都道府県は、地域における機能の充足状況や、これらの機能をあわせ持つ医療機関を確認・公表したうえで、地域の協議の場で不足する機能を強化する具体的方策を検討・公表
医療機能情報提供制度の拡充
●「かかりつけ医機能」の定義を法定化。「身近な地域における日常的な医療の提供や健康管理に関する相談等を行う機能」
●都道府県は国民・患者による医療機関の適切な選択に資するよう「かかりつけ医機能」に関する情報をわかりやすく提供
期待される効果
身近な地域で提供される日常的な医療が充実
⇒住んでいる地域で、あるいは加齢に伴い、必要な医療が受けられなくなるのではないか、という不安を解消
医師・医療機関との継続的な関係を確認できる
⇒いまかかっている医療機関で、将来も継続的に診てもらえるか、という不安を解消
大病院に行かなくても身近なところで必要な医療が受けられる
⇒大病院に行かないと必要な医療が受けられないのではないか、という不安を解消
⇒大病院で働く医師の負担軽減にも資する
誰もが確実に必要な医療につながる環境が整う
⇒医療にかかるための情報が見つからない、情報の見方がわからない、という悩みや不安を解消

※医師により継続的な管理が必要と判断される患者に対して、医療機関が、かかりつけ医機能として提供する医療の内容を説明する

出典：厚生労働省「かかりつけ医機能が発揮される制度整備について」をもとに作成

考えています。

たとえば、当院では、せきが長引くという症状を訴えて、妊娠中の患者さんが来院したことがありました。その方は複数のクリニックを受診しても、妊娠中を理由にきちんと診てもらえなかったようで、当院が呼吸器疾患を専門にしていること、出産経験のある女医が院長をしているということを理由に、わざわざ遠方から足を運んでくれたのです。

私は専門医として、せきの症状を詳しく診るだけでなく、処方した薬は赤ちゃんへの影響がないことを丁寧に説明し、ぜんそくと遺伝の関係を伝え、産まれてくる赤ちゃんのアレルギー疾患を予防するためにスキンケアが重要だとアドバイスしました。とても喜んでいただくことができ、出産後も継続して通院してくれています。

このように、かかりつけ医は患者さんの主訴を診て終わりではなく、**将来起こり得ることを少し先回りして伝えていく**ことが重要です。

■患者さんをよく観察するとわかること

また、日頃から患者さんの様子をよく観察していると、その人の普段の生活や人生の変化がわかったりします。私は患者さんの変化に気づくと、「あれ、メガネを変えましたね」「髪型が変わりましたね」と気軽に話しかけます。左手の薬指に指輪をしていたら結婚していることがわかりますし、健康保険証や話し方、服装から、その人がどんな職業に就いているかをある程度、予想できます。医療とは無関係と思えるかもしれませんが、治療に関係するとても重要な情報が隠れていたりもします。

会話を重ねることで患者さんと信頼関係が築けると、患者さんも「この間もらった薬を飲み忘れた」「あの薬はあまり効かなかった」など、素直にいろいろな話をしてくれるようになります。患者さんのなかには処方した薬を飲み忘れたり、薬の効果がそれほど感じられなかったりすると、医師に直接そのことを伝えにくいのか、別のクリニックに行ってしまうことがあります。

薬が継続できなかったのであれば、その理由を明らかにすることで別の方法を提案することができますし、薬が効かなかったのであれば、別の薬を検討できます。アプローチの仕方を柔軟に変えながら、情報を蓄積することで、その患者さんに合った治療法が見つかります。**医師と患者さんの間に信頼関係が成り立たなければ、かかりつけ医のメリットは享受できない**のです。

クリニック経営の未来は明るいのか

さて、クリニック経営の未来はどのように変わっていくのでしょうか。本章の最後に将来どのようなことが起こり得るのかについて、考えてみたいと思います。

■DX化の推進

デジタル技術は日々進歩していて、診療所向けのシステムも次々に登場しています。クリニックのDX化は今後ますます広がっていくことが予想されます。

AI（人工知能）やデジタルデバイス、アプリを活用した診療などがスタンダードになり、最新テクノロジーに代替される業務も増えていくでしょう。そうなると、デジタルツールを積極的に導入しているクリニックとそうではないクリニックの間で、生産性や業務の効率化、患者さんの利便性などに差が生まれてくるかもしれません。

開業医は常に学ぶ姿勢を忘れず、ITリテラシーを高めながら、時代の変化に柔軟に対応する必要があります。

■少子高齢化に伴う外部環境の変化

少子高齢化が進展して生産年齢人口が減少していくと、採用難が加速します。募集をかけても思うように人材が集まらないような状況を回避するためには、「このクリニックで働きたい」と思えるような魅力的な職場環境にしていく必要があります。クリニックは**患者さんだけでなく、働き手にも選んでもらえるような特徴づくり、ブランド力がより一層、重要になっていく**と思います。

また、少子高齢化は疾病構造の変化をもたらします。それまで需要があった診療科・地域でも患者さんが集まらなくなることが考えられます。患者さんのライフスタイルも変化して、クリニックに求めるサービスが変わってくるかもしれません。

クリニックは一度開業すると、簡単に立地を変えにくく、外部環境の変化に対応するためには、**医師としてのこだわりや診療スタイルを捨てる覚悟が必要になる**こともあるでしょう。

■勝ちパターンの変化

開業の勝ちパターンは二極化していくことが予想されます。それは、ミニマム開業と大規模化またはグループ化です。

前者は競合が少なく、一定の需要がある立地を全国各地から絞り込み、初期投資を極限まで抑えて開業します。ミニマムであれば、たとえ失敗してもそれほど痛手にはならないので、すぐに閉めて次の候補地で開業できます。

後者はスケールメリットやブランド力、潤沢な資金力を活かして、好立地で開業します。一般の開業医が太刀打ちできないような経営力で患者さんを集めます。

ある意味、どちらも戦わずに勝つ戦略と言えるかもしれません。これから開業を目指す医師は、**自分は何を強みとしてどこで勝負するのかを熟考し、将来まで見据えた戦略をしっかりと描くべき**です。それが成功の一番の近道になります。

私もまだまだ道半ばではありますが、自分が目指す医療の実現に向けて、スタッフと協働しながら、日々邁進していきたいと考えています。

開業準備と
組織体制の整備

——後悔しないために知っておきたいこと

PART 2

使命や目指す未来を行動指針に落とし込む

本章では、当院の開業から5年間のストーリーを通して、開業やクリニック経営のリアルをお伝えしたいと思います。

■ミッション、ビジョン、バリューの策定

クリニックを開業する際、まず最初に取りかかることは、「ミッション（使命）」「ビジョン（目指す未来）」「バリュー（約束）」の策定ではないでしょうか。クリニックがどのような役割を果たし、何を目指すのかが明確になっていないと、さまざまな場面で判断に迷い、スタッフのマネジメントに苦労することにもなりかねません。**多様な価値観を持ったスタッフが同じ目標に向かって協働していくためには、行動の道しるべが必要です。**

ミッション、ビジョン、バリューはスタッフに繰り返し伝え、浸透させることが大切です。策定しただけで満足してしまっては絵に描いた餅になってしまいます。しっかりと腹落ちさせ、行動レベルにまで落とし込めるようにしましょう。

新しいスタッフを採用したときも、必ず共有して理解を促します。前職のやり方、考え方で行動されてしまうと、現場の混乱を招いてしまうことがあるからです。

■スタッフの意見から生まれた行動指針

当院の行動指針は、開業当初からあったわけではありません。開業から数か月が経ち、スタッフに「今期の目標をどうしようか?」と相談したところ、日々の業務に関する改善点、研修で明らかになった課題について、たくさんの意見が出ました。そのときの意見から行動指針ができ、「○○の場合は○○を心がけて行動しよう」といった項目が徐々に増えていきました。スタッフは判断に迷ったときに確認するようにしています。

行動指針は、スタッフに改善を促すときにも役立ちます。先輩が後輩に「『行動指針』のこの項目とズレているから次から行動を見直そうね」と、わかりやすく伝えることができるからです。もともとスタッフの意見から生まれたものであるため、角が立ちにくく、指摘されたほうもすぐに納得して改めてくれます。

当院のミッション、ビジョン、バリュー、行動指針（一部抜粋）は、図表2－1の通りです。

■毎朝のミーティングで課題を共有

ミッション、ビジョン、バリューは朝のミーティングで復唱しています。いまではスタッフからの発案で、「穴あきテスト」を実施し、きちんと覚えているかどうかを確認することもあります。

朝のミーティングでは、前日の申し送りだけでなく、曜日ごとに決められた担当者によって、さまざまな企画が行われます。たとえば、月曜日は「課題抽出」、火曜日は「理念を確認する」、水曜日は「ヒヤリ・ハット」、木曜日は「互いにほめ合う」、金曜日は「報連相」、土曜日は「接遇」などです。朝の限られた時間を使って、スタッフ全員が同じ方向を見て働けるように工夫しています。

スタッフは曜日ごとに担当を持つことで、課題を「自分ごと」として捉えることが

図表2-1　医療法人社団ハピコワ会が掲げる
ミッション、ビジョン、バリューと行動指針

ミッション 使命	「医療を通じて、人生をより豊かにする」
ビジョン 目指す未来	・患者さんの健康維持を実現し、日本を、世界を、平和で幸せにする。 ・患者さんの幸せと医療従事者の幸せをつなぐ場所で在る。 ・医療のプロとしてベストを尽くし、自分や家族に誇れる生き方をする。
バリュー 約束	・疾患があっても人生を豊かに出来るよう支え、人生に寄り添うクリニックを展開する。 ・患者さんや医療に、常にまっすぐひたむきに向き合う。 ・正しい医療を正しい形で提供する ・患者さんの健康や幸せな姿は私たちの働く価値に繋がる。 ・働きながら自分の人生の価値を高める場所を作る。 ・一次予防、二次予防、三次予防に貢献する。 ・クリニックの最高峰を目指し、常に努力し成長する。 ・法人とクリニックの安定成長のために、経営努力を怠らない。

行動指針（一部抜粋）		
仕事への姿勢	仕事の取り組み方	協働の精神
・人を笑顔にすることに喜びを感じる	・優先順位をつけること	・助け合いの精神を持つこと
・素直な心を持つこと	・時間や期日を守ること	・前向きな提案と前向きな伝え方をすること
・自分の仕事にプロ意識を持つこと	・テンポよくメリハリをつけて働くこと	・柔軟な発想で仲間と協働すること
	・視座を高く、広い視野を持つこと	

できますし、司会・進行をすることにより、相手に必要なことを的確に伝えるアウトプットの練習にもなります。アウトプットがうまくなると、患者さんに伝える際も役立ちますし、スタッフ同士の連携もスムーズになります。

日々の診療で大切にしていること

■患者さんの人生に寄り添う

当院では、次のような診療方針を掲げ、「患者さんに寄り添った医療」を心がけています。

・真摯な態度で診療に臨みます。
・患者さんお一人ずつにとってのベストな方法を考えます。
・わかりやすい説明を心がけます。
・明るいクリニックを目指します。

「患者さんに寄り添う」とは、短期的には患者さんが〝いま〟困っていることにお応えする、患者さんが次も通いたくなるように工夫するといったことだと考えています。

これに加え、「医療を通じて、人生をより豊かにする」というミッションを掲げている以上、中長期的な視点も必要です。患者さんの人生そのものに寄り添い、患者さんが病気で行動を制限されることなく、何もあきらめることなく生活を送り、社会で活躍していただけるよう、医療従事者として最善を尽くしたいのです。そのための努力は惜しまないという姿勢で、日々の診療に取り組んでいます。

■治療を継続しやすい環境づくり

当院が診ているぜんそくやアトピーなどのアレルギー疾患は、治療が長期化することが多く、患者さんに治療を継続してもらうことがとても大切です。たとえば、患者さんが薬を飲み忘れたり、予約を忘れてしまったときに、「怒られそう」「気まずい」という理由で通院をやめてしまうと、そこで治療がストップしてしまいます。そのため、**いつでも「おかえり」と迎えられる雰囲気づくりを大切にして、「先生、うっかり**

予約を忘れちゃった」と気兼ねなく言ってもらえるような場所でありたいと考えています。

そして、戻ってきてくれた患者さんに対しては、「治療を中断してしまうと、こうなってしまいますよ」とわかりやすくお伝えしつつ、「戻ってきてくれて本当によかった。治療を再開しましょう」と、患者さんが前向きに再スタートできるように接します。

医師本人はそこまで高圧的なつもりがなくても、「治療を続けないとダメじゃないですか」と言われたら、患者さんは怒られたような気持ちになってしまいます。患者さんが横になっているときは上から話しかけるのではなく、自分も腰を下ろして同じ目線にするなど、できるだけ親しみを持っていただけるように気をつけています。

また、**治療の継続には治療の予定をできるだけ詳しく伝える**ことも大切です。診察のときに、「次は1週間後に来てください。そのときに状態が改善していれば、徐々にお薬の量を減らしていきましょう」「この薬の効果を実感できるようになるためには、最長で3か月は使い続ける必要があります」など、患者さんの不安を取り除くような言葉かけをします。先の見通しがわかれば、いずれよくなると信じて、時間と労力をかけて、がんばってクリニックに通い続けようと思えますよね。

■丁寧な説明で患者さんに納得してもらう

ぜんそくの患者さんの場合、ご自宅で吸入をしてもらう必要があり、正しい吸入方法を理解してもらわなければなりません。短い診療時間のなかでは丁寧な説明が難しいため、症状の特徴と治療法、吸入方法を詳しく解説したプリントをお渡ししたり、YouTubeで私自身が解説する動画を流したりしています。

医師仲間からは、「忙しいのに、よくそんな手間や時間をかけられるね」と驚かれることもありますが、**医師として、患者さんにしっかりと納得してもらうまで説明をすることは義務**だと思っているので、まったく苦になりません。プリントや動画は一度作成してしまえば、何度も説明する時間が省けるので、かえって効率的です。

診察中、医師に聞きたいことを聞けない患者さんは意外と多いと思います。**疑問が溜まっていくと、不満につながります。**だからこそ、丁寧な説明や聞きやすい雰囲気はとても重要です。丁寧な説明をするための努力を怠っているようなクリニックは、次第に淘汰されていくと思います。

私は、まわりの同僚や先輩、上司に助けられ、患者さんからたくさんのことを学ばせてもらったおかげで、いまの自分があると思っています。その恩返しとして、自分の力を社会に役立てたいという欲求があって、プロとして努力を惜しむつもりはありません。

開業前の準備で力を入れたこと

■武器としての専門医資格

私は大学病院の勤務医をしていたときに開業を決断し、そこから約1年間で呼吸器内視鏡、アレルギー科、総合内科の3つの専門医資格を新たに取得しました。**関連する複数の専門医資格を組み合わせれば、クリニックの特徴を打ち出せる**と思ったからです。1年間で3つは正直とても大変で、睡眠時間を削りながら勉強し、死にそうになりました（笑）。

患者さんの専門医に対する信頼は想像していた以上に厚く、「専門医の先生に診てもらいたい」という方にたくさん来院してもらっています。取得しておいて本当によかったと思いました。

医師の保有する資格は、そのクリニックでどのような医療を受けられるかを知るための一番の情報になります。戦える武器はたくさんあったほうが差別化に有利です。取得できるものは開業前にできるだけ多く取得しておきましょう。

■小児科の診療を学ぶために他院の見学へ

開業前の準備としては、東京都世田谷区にある成城ささもと小児科・アレルギー科に見学に行って、数週間勉強させてもらいました。当院の小児科は小児科専門医を雇用して診療してもらっていますが、私自身も診療する必要があり、経験がなかった小児科について詳しく学びたかったからです。

院長の笹本明義先生は、クリニックに舌下免疫療法をいち早く取り入れたアレルギー専門医として有名で、多くの論文を執筆され、アレルギー学会でもたびたび発表していました。とても経験豊富な先生で、「見学をするなら笹本先生のクリニック」と思っていたのです。

笹本先生からは、「院長は診療のことだけでなく、経営のことを考える必要がある」「リピーターの患者さんを増やしていくことが持続可能な経営につながる」など、たくさんのことを教えてくださいました。特に印象に残っているのは、患者さんに疾患や治療に関するパンフレットをお土産のように、たくさん渡していたことです。

患者さんは診察時に医師に言われたことをすべて覚えているわけでありません。忘れてしまったとき、わからないことがあったときに、資料があれば見返すことができます。手間を惜しまず、伝える努力をすることは大切だと思い、当院でもその方法を取り入れるようにしました。それが、疾患の詳細や治療法を解説するオリジナルのプリント、ＹｏｕＴｕｂｅ動画につながっています。

後悔しないための開業場所と物件選び

■五反田で開業した理由

開業場所に選んだ五反田は、再開発でタワーマンションが建ち並び、オフィスビルにＩＴ企業が集まるなど勢いがある地域です。近隣に住んでいる方のほか、五反田に勤務先がある人も来院が見込めると思いました。

五反田は、私の居住地でもあります。もともと勤務していた大学病院が池尻大橋にあり、通える範囲でペット可のマンションを探していたところ、ちょうどいい物件が見つかったため引っ越していました。

五反田は都内に住んでいる方からすると、「用事がなければ行かない場所」だと思うかもしれませんが、ＪＲ山手線、東急池上線、都営浅草線が乗り入れており、品川駅に近いため新幹線や飛行機も利用しやすく、利便性は抜群です。目黒駅や恵比寿駅に

Column ❶

伝わる院内掲示・説明資料の作成

私はどのような資料なら、患者さんが興味を引いてくれるかを調べたことがあります。写真だけのもの、文章が多いものなど、内容やデザインを変えて院内に掲示してみたところ、私の顔写真が入った資料が一番好評でした。月に一度掲示する、私の手書き文章を載せた「院長のつぶやき」もよく読まれています。

やはり、どこの誰が書いたかわからないものよりも、自分のことを診療してくれている医師が書いたもののほうが、読んでいただけるようです。疾患に関する情報は製薬会社からいただいた患者さん向けのパンフレットもありますが、オリジナルのプリントを用意してお渡ししているのはそのためです。

最近ではＱＲコードを載せたプリントをお渡しして、ＹｏｕＴｕｂｅの専門チャンネルを見ていただくことも増えました。動画のほうが伝わりやすいと思ったら、迷わず動画を撮影するようにしています。

院内の掲示物は、内容やデザインを変えるなど、工夫してみましょう。患者さんをよく観察していると、自分で試行錯誤した結果がダイレクトにわかるので、とてもおもしろいですよ。

院長のつぶやき

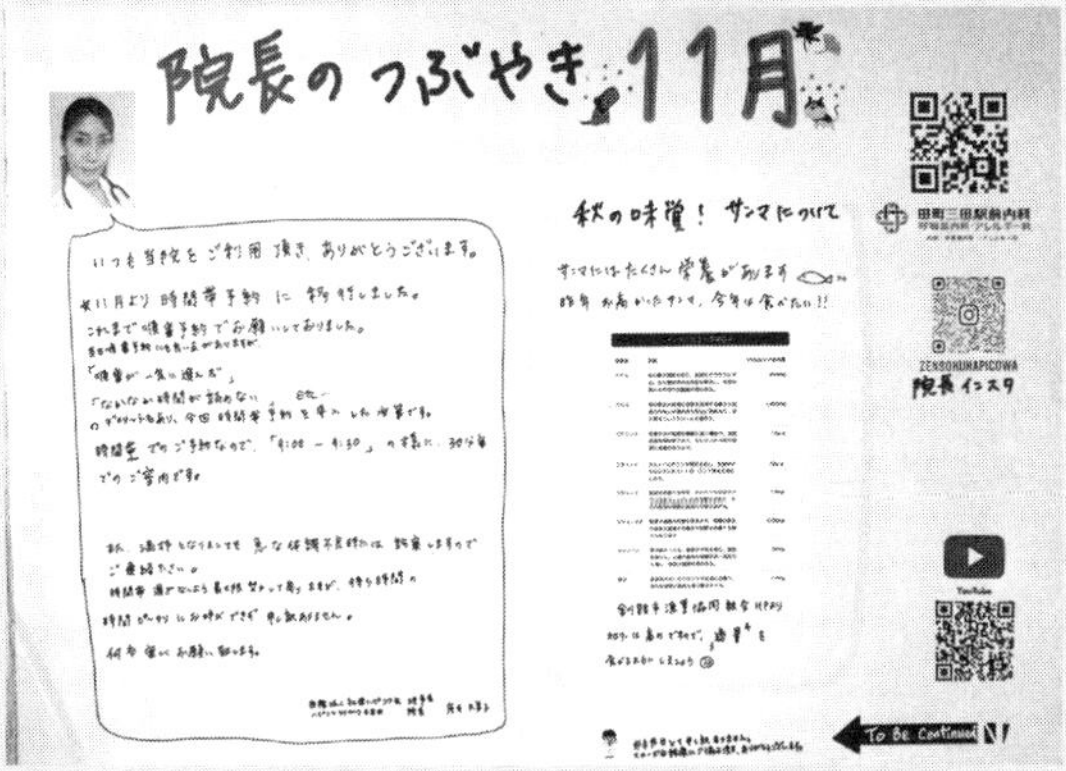

YouTubeの専門チャンネル

も近いため、買い物や食事にも困りません。とても住みやすい場所だと思います。
開業当時は子どもがまだ3歳で、しょっちゅう熱を出していたため、自宅や保育園からクリニックが近ければ、すぐに駆けつけられると思い、五反田で開業しました。

■物件の坪数と院内設備でこだわったこと

五反田駅から徒歩4分の物件は40坪あります。40坪という広さは、都内で内視鏡検査を行っていないクリニックとしては、比較的広いほうかと思います。部屋は診察室が2つ、待合室（キッズコーナー）、検査室、処置室があります（図表2－2）。もう少し狭い物件でも問題なく診療できると思いますが、坪数はあとから増やせませんし、「開業さえすれば患者さんは必ず来る」という確信があったので、広めの物件を選びました。

こだわりは、スタッフ専用のトイレをつくったことです。都内の狭い物件の場合、スタッフと患者さんのトイレを共用にしているところが多いと思います。しかし、患者さんと共用だとスタッフは気を遣ってしまいますし、一瞬だけでも、ほっとひと息つける場所をつくろうと思い、スタッフと患者さんでトイレを分けるようにしました。

図表2-2　特にこだわった院内設備

左上:受付と待合室、右上:トイレ、左下:キッズコーナー、右下:診察室

スタッフからも好評で、分院でも同じようにしています。

■開業してから後悔したこと

物件に関してはおおむね満足しているものの、いくつか後悔していることもあります。ひとつは駅からの距離です。徒歩4分だと、やはり徒歩1分、2分の近さには勝てません。**都心のクリニックで、徒歩通院がメインになる場合、駅からの距離は近ければ近いほうが集患力を期待できます。**

もうひとつは物件の階数です。当院はビルの5階にありますが、やはり**1階のほうが視認性は高く、有利**です。特に小児科は子どもの目線に合わせて親の目線も低くなりがちなので、徒歩や自転車で移動する親御さんの目に入りやすい1階のほうがよかったかなと思っています。

また、当院の所在地は品川区ですが、港区との境界のような場所にあります。そのため、区で行っている定期検診や予防接種、ワクチン接種などは港区の患者さんは受けられません。クリニックから徒歩1分の場所に住んでいる患者さんでも、住所が港区なら対象外になってしまうのです。

ＳＥＯ対策でも同様のことが起こります。患者さんがインターネットで「品川区小児科」で検索すると、上位表示されますが、「港区　小児科」と検索してもなかなか出てきません。港区に住んでいる患者さんを逃してしまっていると思うと、もったいないと感じます。

区境、市境などで開業する場合はよくよく検討しましょう。小児科の場合、隣接する自治体で子どもの医療費の助成内容に差があることもあります。割と見過ごされがちなので、注意が必要です。

開業場所や物件は一度開業してしまうと、なかなか変えることができません。移転には相応のリスクが伴うからです。家賃や物件前の人通り、周辺環境、競合クリニックの有無、患者さんの見込み数、提供する医療の診療単価、通勤のしやすさなどを総合的に判断して、将来も見据えて選ぶとよいでしょう。

医師会に加入するなら開業時期に要注意

内科や小児科は、自治体が行う健康診断や予防接種などに参加することを目的に、地区医師会へ加入することが多いかと思います。**健康診断や予防接種は大きな収入源になりますし、そこから患者さんにクリニックを知ってもらい、かかりつけとなってもらうケースも多く、広報的にも価値があります。**

私は前職の退職時期の都合で5月に開業して地区医師会に加入したのですが、その年の自治体主導の健康診断や予防接種業務は受託することができず、1年目はその恩恵を得ることができませんでした。品川区の業務を受託するためには、前年の年末までに地区医師会に加入している必要があったのです。

開業間もない時期は、加入による広報的なメリットが大きいと思うので、開業までのスケジュールは流れに任せるのではなく、戦略的に組みましょう。

開業コンサルタントの賢い活用法

■コンサル料は相場の10分の1程度

開業準備は、医療業界に特化した専門コンサルタントの方に支援をお願いしました。専門コンサルタントの方に依頼する場合、数百万円かかることもあるそうですが、私がお願いしたのは開業時のサポートのみで、たまたまキャンペーンで相場の10分の1程度という破格の値段で引き受けていただけました。

安いからといってサービスが悪かったわけではなく、とても優秀な方が担当になり、開業日から逆算して、いま何をすべきかを的確に指示してくださいました。**物件の内装や設備などにこだわりがあると、納期が1か月かかったりする**こともありますし、保健所への提出書類の期限などはつい忘れてしまいがちです。開業までのスケジュールをすべて把握してマネジメントしてくださる方がいるととても助かります。

その方は、ほかにも「開業間もない時期は患者さんも少ないと思うので、はじめは看護師を採用しなくてもいいのでは」など、固定費を抑える方法を提案していただくなど、こちらの希望を丁寧に聞いたうえで支援してくださり、とても満足しています。

■担当者に任せきりにしない

コンサルタントの活用で重要なのは、全部任せっきりにしないということです。コンサルタントのなかには、**キックバックのようなかたちで医療機器メーカーや製薬会社などからお金を受け取っているケースがあり、割高な金額を提示されることもある**と聞きます。高額の出費の際は必ず複数社から見積もりを取って、医師仲間に相談するなど、妥当な金額かどうかを確認することが大切です。

開業時は忙しく、金額を確かめずにコンサルタント任せになってしまいがちです。見積もり金額は必ず自分で確認しましょう。

開業費用を安くするためのコツ

■什器・備品は量販店で揃えることも

内装は、クリニックの設計を専門にしている業者さんにお願いしました。入居したのは、コンクリート打ちっぱなしのいわゆる「スケルトン物件」ではなく、もともと一般企業が入っていた「居抜き物件」だったため、床や天井、エアコンや水回りなど、そのまま使える設備も多くあり、工事費は安く抑えられたと思います。

待合室の椅子やスチールラックなどの什器・備品は、専門業者さんに任せてしまうと高くつくため、ニトリやイケアなどに行って自分たちで探して、安価で質が高いものを揃えました。よく、**「内装業者さんのカタログから選ばなければならないと思っていた」という話を聞きますが、そんなことはありません。**長く使うものは高価なものを購入するという考え方もありますが、開業後、使い勝手が悪ければ、買い替えになることもあります。

■何でも安く済ませればいいわけではない

開業してしばらく経ち、後悔したこともあります。たとえば、書類を入れるトレーの数をもっと増やしたいと思ったときに、同じ型番の商品がすでに販売終了になっていて、ゼロから違う商品を買い直すということがありました。

また、安いプリンターを購入して、すぐに故障してしまったこともあります。そのため、いまはリースの複合機を使っています。リースは毎月の費用がかかる代わりに、機械トラブルがあったときはサポートがあるので安心です。当院が契約しているプランはインクやトナーなどの消耗品を自分たちで購入する必要がないため、スタッフの手間も省けます。日々、慌ただしくしていて、プリンターのトラブル対応に時間を取られている暇はありません。

安く抑えていいものと、ケチらずにこだわったほうがいいものを見極め、メリハリをつけるのが賢明です。**開業して診療がスタートして、「不便だな」と思ったら、すぐに改善する柔軟性やスピードも大切**だと実感しています。

スタッフ募集・採用のポイント

■採用ページで自院の魅力をPR

開業前に募集をかけて採用したのは医療事務1名だけです。もともと知り合いだった小児科の非常勤医師と私の3名でスタートしました。ただ、検査のなかには時間がかかるものもあり、医師が診察しながらすべてを行うのが大変になってきたため、看護師を採用するようになりました。患者さんの増加とともに雇用するスタッフの数も増え、いまでは分院も合わせると、医療事務4名、看護師5名、医師8名の体制でクリニックをまわしています。

医療事務と看護師に関しては、「とらばーゆ」「ジョブメドレー」などの求人サイトやハローワークを使って募集をしています。しかし、働き手不足のなか、いい人材を集めるためには、それだけでは不十分で、ホームページに採用ページを設け、スタッフの様子や働きぶりがわかるようなインタビュー記事や私の動画メッセージを載せたり、Ｉｎｓｔａｇｒａｍで募集をかけるなど、さまざまな工夫をしています。その成果もあり、ホームページやＩｎｓｔａｇｒａｍから直接応募をしてきてくれる方も増えました。

医師は医局からの紹介のほか、人材紹介会社を活用しています。**医師の人材紹介は紹介料がとても高いので、条件を細かく決めたうえで、採用のミスマッチを防ぐためにトライアル勤務をしてもらっています。**トライアル勤務では必要な措置がきちんとできるかどうか、こちらからの要望を柔軟に聞いてくれるかなどを見ます。

■採用面接では何を見て判断する？

面接時に見ているポイントはいくつかあります。医療事務の場合は、経験や資格の有無はそれほど気にしません。ただ、医療事務の仕事について何も調べてこないような人だと、働き始めてから「こんなはずじゃなかった」というミスマッチが起こる可能性があるので、医療事務の業務内容についてどれくらい把握しているか、認識にズレがないかを必ず確認するようにしています。

医療事務は電話や受付などで臨機応変な対応が求められるので、やはり柔軟な方がいいですね。人柄を見て、実際に働き始めてから活躍できそうな人かどうかを重視しています。

看護師の場合は、ある程度経歴も見ますが、それよりも当院の**理念に共感してもらえるか、同じ船に乗ってがんばれそうな人であるかを重視**します。自己成長や自分の満足のために働くのは悪いことではありませんが、クリニックは患者さんの健康のために存在し、その実現が私たちの働く価値につながっています。「患者さんのため」という部分に共感していただけるかどうかは、必ず確認するようにしています。

看護師のなかには、「病棟勤務では患者さん一人ひとりとじっくり向き合うことができなかった。そのため、クリニックでその想いを叶えたい」という理由で応募してくる方がいます。志望動機として完全にNGではありませんが、こういう方は黄色信号です。一人の患者さんに時間を割いた分の穴埋めはどこでするのでしょうか。病院もクリニックも限られたリソースを効率的に使い、患者さんに適切な治療を提供するという役割は同じです。**経営面から考えても、ほかの患者さんを待たせないという観点からも、じっくりと向き合う時間はない**のです。

結局、「患者さんとじっくり向き合いたい」という想いは看護師の自己満足でしかありません。もし、どうしても自分の想いを叶えたいなら、その時間を捻出するためにどうすればいいかを考えて、プレゼンできる人がいいですね。

また、「夫が働いてもいいと言ってくれたので来ました」「親にすすめられて応募しました」など、他人軸で動いている方もご遠慮いただいています。そういう方は、「子どもが熱を出して夫がどうしても仕事が休めないので、今日は休ませてください」「親の都合で仕事を辞めます」と平気で言ってくることが予想できるからです。

当院のスタッフは一人ひとりが自律していて、仕事にやりがいや目的意識を持って働いています。「誰かに言われたから」という受け身な姿勢ではなく、患者さんのために、クリニックのために自分は何ができるのかを考え、行動できる方にぜひ来ていただきたいと考えています。

面接のときは、文章を時間内に書き写す課題を課すことがあります。 その際、少しいじわるですが、プリントだけを渡して、あえてペンを渡さず、自分で持参しているかどうかを見ることがあります。ペンを持っているかどうかはマストではありませんが、持参してきている方のほうが、高い意識を持って準備してきている方だなと好印象になります。

課題自体も、きちんと時間の配分をして制限時間内にすべてを書き移すことができる方は優秀ですが、半分程度しか書けない方だと「優先順位をつけてスムーズに業務をこなせるかな」と不安になります。

集患・増患のためのSEO対策

■クリニックの特徴がひと目でわかるホームページ

集患・増患のために、電柱、バスの車内アナウンス、消火栓標識、ビルの壁など、いろいろな場所へ広告を出しました。そのうち、バスの車内アナウンスと消火栓標識の広告は効果が感じられず、その他は効果を検証中です。消火栓標識は公道上に掲載しますし、バスの車内アナウンスもバスに乗る方なら耳に残るかと思ったのですが、認知度向上にはつながりませんでした。理由はわかりません。

物件選びのところでもお伝えしましたが、1階はそれだけで目につく場所に看板を出せて目立つため、広告効果を狙うなら1階が断然有利だと思います。

当院のホームページは、外部の制作会社にお願いしてつくっていただきました。はじめはこだわっておしゃれなデザインにしました。しかし、「男性が受診しにくい」「小児科っぽくない」といった声があったため、シンプルかつ誰が見てもわかりやすいデザインに変更しました。

また、院長である私の写真をトップに掲載していたのですが、やはり男性が受診しにくいという意見があり、現在は呼吸器内科、アレルギー科、内科、小児科のクリニックであること、小児から大人まで一貫して診ていることなど、クリニックの特徴がひと目でわかるように変更しました（図表2－3）。

■検索結果でホームページを上位表示させるには

SEO対策については自分でも勉強し、インターネットの検索結果でクリニックが上位表示されるように日々、努力を続けています。

SEOとは「Search Engine Optimization」の略で、検索エンジンの最適化を意味します。患者さんがGoogleやYahoo!でキーワード検索したときに自分のクリニックが上位に表示されるための対策のことです。**専門業者に依頼してもよいのですが、自分でできることもたくさんあるので、ネット記事や参考書などを見て、学ばれるとよいと思います。**

患者さんの多くは、スマホを使ってクリニックを探しています。競合クリニックが多い地域、提供する医療の内容によっては、ＳＥＯ対策が集患・増患のカギを握ることもあります。これからのクリニック経営では必須の知識と言えるかもしれません。**ＳＥＯ対策では、記事コンテンツがたくさんあるほうが有利です。**ただ、開業時から記事コンテンツを充実させるのは難しいと思うので、ホームページ制作にできるだけ早く着手して、コツコツと記事を蓄積していくのがおすすめです。

当院のホームページでは、赤ちゃんのアレルギー、せきやぜんそくなど、診療科ごとの特設ページを設け、疾患に関するたくさんの記事が読めるようにしています。これらはＳＥＯ対策だけでなく、ブランディングにもつながります。特定の疾患について詳しく解説することで、「せきやぜんそくに強いクリニック」をアピールできます。

Ｉｎｓｔａｇｒａｍでは、クリニックの最新情報や院内の掲示物、私のメディア出演情報などを投稿し、写真をたくさん使って院内の雰囲気を伝えています。

■テレビや雑誌からの出演依頼

最近、感じた効果としては、**テレビ出演や雑誌のインタビュー取材の依頼が増えた**ことです。特に、花粉症などの季節性疾患が増える時期に、呼吸器やアレルギーの専

図表2-3　ホームページのトップ画面

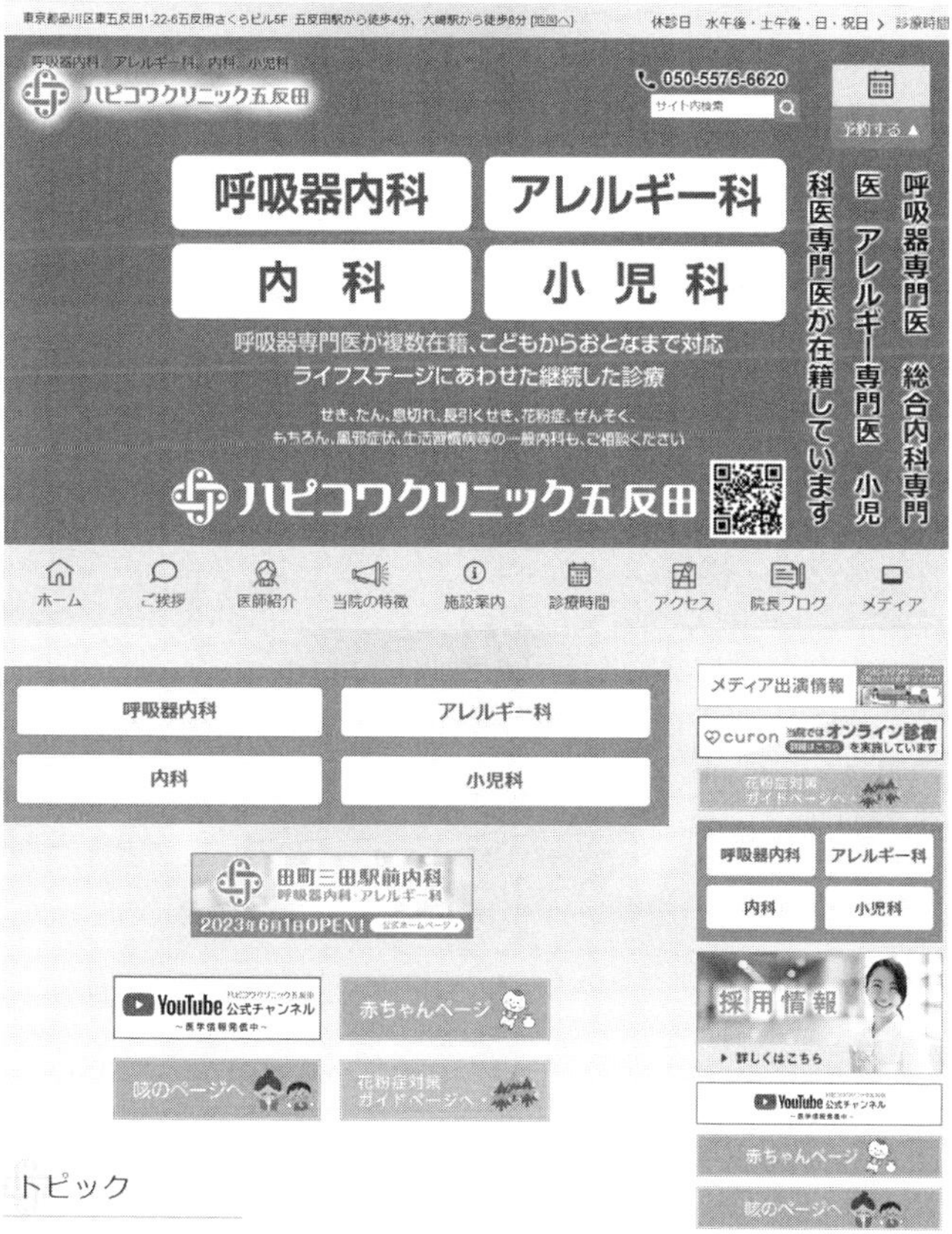

門家としてメディアに出させていただく機会が多く、メディアの担当者は、「花粉症」「アトピー」などで検索をして、当院のホームページにたどり着き、記事を読んで依頼してきてくれているようです。

私がテレビに出演すると、患者さんも喜んでくれて、ブランディング効果も絶大です。ホームページに力を入れてきて、よかったと思っています。

バタバタの開業初日に起きたこと

■想定外の連続であっという間に1日が終わる

開業初日はとにかくバタバタで、開業の喜びを味わう暇もなく、あっという間に1日が終わりました。患者さん全員が初診なので、診療では患者さんの疾患の把握に時間がかかりましたし、看護師を雇っていなかったため、検査や処置はすべて私が行っていて大変でしたね。

医療事務も、内科の経験がなかったため、患者さんからの疾患に関する質問の電話にどのように答えていいかわからず、戸惑っていました。電話応対については事前にどのような問い合わせが来るのかをシミュレーションしていたのですが、想定外の質問も多く、慣れるまで少し時間がかかりました。初日からしばらくの間は私が横にはりついて、対応できないときはすぐに電話を代わってもらいました。

開業したばかりのクリニックには、医療機器や製薬会社、ウォーターサーバー、プリンター、絨毯など、さまざまな営業の方が次々と押しかけてきます。対応に慣れていなかったこともあり、話を丁寧に聞き過ぎて、てんやわんやでした。

■開業初日の患者さんは16人

患者さんもさまざまな方が来ました。開業前に内覧会に参加してくれた方が初日に来てくださり、「応援しているよ」と言ってくれたときは嬉しかったですね。狙い通りに、長引くせきで困っていたり、呼吸器専門を理由に来院してくれた患者さんも多くいました。一方、「ただ話を聞いてほしいだけ」「心の風邪をひいているんです」といった少し困った方もいました。

初日の患者さんの数は16人です。それから数日は十数人という状況でしたが、時期的に患者さんの少ない初夏であったこともあり、「そのうち、たくさん来るようになるだろう」と気楽に構えていました。患者さんが少なかったので、空いた時間でホームページ用の記事を書いたり、経営の勉強をしたりして過ごしていました。

開業2年目で100年に一度のパンデミック

■患者さんが9割減、廃業が頭をよぎる

当初の予想通り、開業した年の秋から冬頃になると、患者さんが徐々に増え始め、翌年には1日70人ほど来てくれるようになりました。保険診療を提供している一般内

科クリニックの場合、1日の患者数は40人程度が黒字化の目安と言われているため、70人来れば繁盛していると言えると思います。

このままいけば融資の返済を順調にしていけるだろうと思っていた矢先、新型コロナウイルス感染症がまん延します。患者さんの受診控えが加速し、患者さんが9割も減ってしまいました。

その後、2020年秋に北海道でクラスターが起こった頃から、コロナ疑いの患者さんが少しずつ増え始めました。そうなると、「スタッフを守れるだろうか」「ぜんその患者さんが重症化したらどうしよう」と不安になりました。お金の心配はもちろんありましたが、それよりも感染防止対策に必死だったことを印象深く記憶しています。

開業してまだ2年、お金に余裕もなければ、備品のストックもありません。マスクや消毒用アルコールを集めるだけでも大変で、「なんて脆弱な組織なんだ……」と痛感させられる日々が続きました。

財務状況は手持ちのキャッシュがなくなる一方、支出を止めようとしても止まらず、本当に胃が痛かったですね。コロナ関連の補助金などを申請し、資金集めをして廃業は免れることができましたが、「スタッフにお給料が払えなくなったらどうしよう」「潰れてしまったら、患者さんに申し訳ない」と、切実な思いで過ごしたことは一生忘れないと思います。

まさか、**開業して2年で100年に一度のパンデミックが起きるとは誰にも予想できませんでした。**これからも何が起こるかわからない、楽観せずに最悪の事態を常に想定しながら経営しなければいけないと強く思いました。

■「ワクチンを出せ！」と怒号が飛ぶ

コロナ禍では、見えないウイルスに対して誰もが不安を抱え、神経質になっていました。院内のアルコール消毒スプレーを患者さんに持ち去られそうになったり、少しでも早くワクチンを接種したい方から、「ワクチンを出せ！」と大きな声でわめかれたり、まるで戦場にいるようでした。

スタッフもコロナ疑いのある患者さんに対して、必要以上にキツくあたってしまうことがあり、クリニックの雰囲気は最悪でした。

私は「このままではよくない」「組織を変えなければ」と思い、外部のマナー講師を招いて、スタッフ全員でビジネスマナーを学ぶことにしました。しかし、一部のスタッフは、「なんでそんなことをしなきゃいけないんですか」と反対し、研修が始まってからも体調不良を理由に参加してくれませんでした。マナー講師の先生はスタッフの前で、「組織を変えるために、全員いなくなる覚悟で受講していただきます」と宣言してくれて、そのおかげもあり、私も強い気持ちで研修を進めることができました。

結果的に、そのとき反対していたスタッフは全員退職してしまいました。それでも、マナー講師の先生に来ていただいて本当によかったと感じています。振り返ってみると、組織改革のターニングポイントになりました。患者さんに対する言葉遣いだけでなく、「大切なのは患者さんを思う気持ち」という、医療サービスの本質を教えていただいたことで、**スタッフ全員が同じ方向を向けるようになった**のです。

MBA取得のためにビジネススクールへ

■理論を実践に落とし込むために

コロナがきっかけとなり、本格的に経営の勉強をしてこなかったことに不安を覚えた私は、MBA（経営学修士）の取得を目指して、グロービス経営大学院のビジネススクールに通い始めました。特に学びたかったのは、人材育成やマネジメントなど、「人」にかかわることです。書籍などを通して勉強してはいましたが、書籍でわかるのは理論だけで、理論をクリニック経営の実践にどう落とし込めばいいのかを知りたかったのです。

また、**ビジネススクールに通い医師以外の経営者仲間をつくる**という狙いもありました。医療は一般企業の感覚だと信じられないような常識がまかり通る世界です。医学部に入ってから医療の世界にずっといたため、外の世界の人からさまざまな刺激を受けて気づきを得たい、組織を成長させたいと考えました。

■ワクチン接種で多忙ななか授業に参加

とはいえ、診療を行いながらビジネススクールに通うのは、簡単ではありません。入学当初はオンライン授業が充実しておらず、麹町（東京都千代田区）まで通っていました。19時から授業開始だったのですが、19時まで診療を行っていたので、毎回タクシーに乗って20〜30分遅刻しながら、なんとか授業に参加していました。

途中からはオンライン授業に切り替わりました。ただ、その頃はワクチン接種がスタートしていて、授業開始直前まで診療をしていたり、授業中も電話がかかってきたりなど、多忙ななかで授業に参加していました（笑）。それでも、ビジネススクールは積極的に参加しないと単位がもらえないので、しっかりと授業を聞き、グループワークなどでは必ず発言をしていました。

■MBAを取得してからの変化

MBAを取得してよかったことはたくさんあります。なかでも自分の内面を掘り下げ、経営者としての強みを客観的に知ることができた点は、大きな自信につながりました。**経営者としての迷いがなくなったことで、たとえスタッフに反対されても、思い切った組織改革に取り組めるようになりましたし、院長としてどのような存在であるべきなのかも明確になりました。**

開業したばかりの頃は、院長である自分がすべて完璧にこなさなければならないと思っていました。しかし、それは間違いで、経営者は組織全体を把握すること、自分の強みを組織で最大化することができればいいと気づいたのです。

ＭＢＡを取得してからは頭のなかが「経営脳」になり、常に経営のことを考えられるようになったかなと思います。

コロナ禍を乗り越え、分院を開設

■分院はあえて本院から近い距離に

２０２２年に入ると、コロナが落ち着き始め、１日の患者さんの数が１００人近くまで回復しました。ようやく光が見えてきたところで、医療法人社団を設立し、経営基盤を強化して、２０２３年6月には分院（田町三田駅前内科・呼吸器内科・アレルギー科）を開設しました。分院は東京都港区の田町駅から徒歩1分、三田駅から徒歩0分の好立地で、本院から電車で約10分の距離にあります。

呼吸器疾患で悩む患者さんをひとりでも多く救いたいと思い、２０１８年に開業したわけですが、実際に診療を開始すると、ひどいせき症状で苦しんでいる人が想像以上に多いことがわかりました。おかげさまで本院にはたくさんの患者さんが訪れてくれて、予約が取りにくい状況が続いていました。**本院の近くで分院を開設すれば、本院の患者さんを分散させ、より多くの患者さんを診られる**と考えたのです。

実際に、「分院のほうが近いから試しに行ってみたら、分院長の診療もすごく丁寧だった」「本院が混んでいるときは分院に通います」という本院の患者さんもいます。

私やスタッフも行き来しやすく、急な欠勤が出たときは互いにカバーできます。本院と分院は診療圏が重ならない距離にするという考え方もありますが、あえて近い距離にしたことは正解だったと思っています。

■スタッフの連携・交流を図り、属人化を防ぐ

本院と分院の連携・交流も大切にしています。同じように働ける環境を整備し、オペレーションを同じシステムにしたことで、急遽スタッフに「今日は分院のほうに行ってください」と伝えても、無理なく対応できます。これは、**誰か特定の人がいないと業務が成り立たないような仕事の属人化を防ぐ**ことにもつながっています。

縁あって分院長をお願いすることになった藤原赤人先生には、分院を開く2か月前から本院で働いてもらいました。藤原先生は医師としての腕はもちろん、お人柄もとてもすばらしく、組織全体のことを自分ごととして捉えてくださる方だったので、本当にラッキーでしたね。分院をオープンしたときには、すでにスタッフとの信頼関係もできていて、今日まで大きなトラブルもなく、順調に運営できています。

■リスクヘッジとスケールメリット

分院展開は手間もお金もかかりますが、長期的に考えるとメリットが大きいと考えています。コロナ禍では売上が激減し、組織の脆弱性を痛感しました。分院があったほうが不測の事態が訪れたときのリスクヘッジになります。

コツコツと改善しながら築き上げてきた人材育成や組織運営のノウハウ、取引先との関係性、ブランド力、成功だけでなく失敗も含めた経験値を分院で活用していくことにより、スケールメリットを発揮できます。

組織はスタッフ全員のためにある

■年の初めにやりたいことを100個書き出す

コロナ禍の最もひどいときは1日の患者数がひと桁という日もありましたが、いまでは100〜120人ほど受診していただけるようになり、たった3人でスタートした組織は分院展開ができるまで成長しました。ここまで大きくなれたのは、常に「ワーストコース」を回避して、目指すべき「グッドコース」へ邁進するためにどうすべきかを冷静に考え続けたことがよかったのだと思っています。

経営や組織運営で、うまくいかないことが起こると、ネガティブな思考に陥って守りに入ってしまうことがあります。しかし、それでは「自分のやりたい医療を実現する」という経営の醍醐味が味わえません。**これから自分が本当にやりたいことは何なのかを、短期・中期・長期に分けて明確化することが大切**です。

ちなみに、私は元旦にその年にやりたいことを100個書き出しています。やりたいことを明確にしないと、毎日雑務に追われて、一年がすぐに過ぎ去ってしまうからです。**何がしたいのかを自覚することで実現に向けた方法を考えることができ、目の前にチャンスが訪れたときにはすぐに行動に移せます。**

また、私は右脳思考であり、直感で物事を決めがちなのですが、決断する前には必ず「なぜそうしたいのか」「なぜそう思ったのか」を言語化して、定性と定量の両方から根拠まで掘り下げる作業を徹底しています。ぼんやりとした願望を一つひとつ言語化し、根拠まで明確にすることによって、納得感を持って経営を進めることができますし、決定事項をスタッフに伝える際も説得力を持って話すことができます。

■経営者でさえ組織の一員に過ぎない

開業からの5年間を振り返ってみると、組織を医療法人化したことが、ターニングポイントになったと思います。それまでは「組織＝自分」であり、自分が成長することで組織も成長するし、すべての責任は自分ひとりにのしかかっているという感覚でいました。もちろん、いまでも経営責任が私にあることに変わりはありませんが、医療法人化する少し前から**「組織はみんなのもの」だと思えるようになった**のです。その背景には、安心して仕事を任せられるスタッフ、信頼できる仲間が増えたからだと思います。

開業して1年目の頃は、スタッフに理念やビジョンなどを伝えても、「みんな本当に理解しているのだろうか」と不安でした。いまではスタッフのほうから「この行動は理念に反していませんか」「理念をしっかり意識しましょう」などの声が聞かれるようになり、とても感慨深く感じています。

組織は決して私ひとりのものではなく、スタッフ全員のものです。**経営者の私でさえ組織の一員に過ぎないと気づいたことが、クリニックの大きな成長につながった**のだと考えています。

分院長が語るハピコワ会の魅力

キャリア16年目の呼吸器専門医が日々の成長を実感できる理由

藤原赤人
田町三田駅前
内科・呼吸器内科・アレルギー科院長

士気の高いスタッフが「ワンチーム」で医療を提供

私は呼吸器専門医として、大学病院や市中病院で経験を積んできました。キャリアは16年目となりますが、地域の皆さんと近しい距離感で診療を行えるクリニックに興味を持つようになり、自分が培ってきた知識や経験を活かして働ける場所を探すなかで、ハピコワ会に出会いました。

ハピコワ会は、呼吸器疾患に特化した質の高い医療環境が整っていることはもちろん、診療の軸となる情熱や患者さん一人ひとりに対する思いがどこよりも強いと思っています。呼吸器疾患は、生涯を通じてお付き合いする患者さんも多い診療科であり、「小児から成人まで一貫して通えるクリニック」「患者さんが安心して通い続けられるクリニック」という理念には大きく共感しました。

実際に入職して一番驚いたのは、スタッフの士気の高さです。どの職種も一人ひとりが非常に自立していて、仕事内容が細分化されているため、判断力が高く、迷いなくテキパキと働いている姿に感動しました。個々の担当業務に限らず、互いの様子にもしっかりと目配りや気配りができているので、「ワンチーム感」があります。

これは診療の効率やスピード感にも現れていて、受付から診察、会計までがとてもスムーズです。「診療時間をどれだけ延長しても患者さんが満足できればそれでいい」といった職場も多くありますが、働く側に無理を強いていては、持続しないでしょう。

感謝の言葉が日常的に飛び交い、個々の目標に向かって意識高く学んでいるスタッフばかりで、私もいい刺激をいただいています。

朝10分の振り返りで信頼関係を構築

ハピコワ会ならではの特徴的な取り組みとしては、毎日朝の10分間を使って自分たちの行動を丁寧に振り返り、クリニックの理念とすり合わせを行う時間が設けられていることです。組織全体が同じ方向を向いていることを確認できますし、組織の課題を自分ごととして捉えることが当たり前となっています。ミスが許されない医療の現場だからこそ、日々の振り返りや信頼関係の構築が重要です。

また、さまざまな角度から広く学ぶ視点が得られる講習会なども頻繁に開催されていて、私自身、接遇やビジネスマナーなどを改めてイチから学べたことはとてもありがたく感じました。毎日診療で忙しい日々ですが、自分自身の人間力まで鍛えられている実感があり、とても充実した日々を送れています。

ハピコワ会ではハード面においても専門性の高い機器が揃っていて、治療と並行して原因究明が可能です。質の高い医療貢献が可能であることが最大の強みであり、地域の皆さんに頼りにされている理由だと感じています。

開業医を目指し、クリニック経営を学びたい勤務医の先生、呼吸器専門医として診療力を高めたい先生にとって、成長できる環境が整っていることはもちろん、長く安心して働けるクリニックだと思います。

呼吸器内科医のキャリアの描き方

——総合診療力を武器に活躍の場を広げる

PART 3

人の役に立つ仕事がしたい

■病気がちだった幼少時代

医者になる人は、「先祖代々医者の家系」「両親の両方、またはどちらかが医者」という方が多いと思います。ただ、私の場合は親が医者だったわけでなく、親族に医者はひとりもいません。

幼少時の医者とのかかわりでいうと、生後1～2か月のときに気管支炎で入院したことがあるそうです。小学校低学年くらいまでは頻繁に熱を出したり、気道症状を起こしたりする子どもだったらしく、マイコプラズマ肺炎で1か月間学校を休んだこともありました。小児科にもよく通っていたため、「街のお医者さん」にはなじみがあり、お医者さんは「自分を助けてくれる人」「人から感謝される仕事」という認識がありました。親はすぐにゼイゼイして寝込む私を強くするためにスイミングに通わせるなど、苦労したようです。

■自分の道は自分で切り拓く

きょうだいは、姉と弟がいました。父親が会社経営をしていて、長男が継ぐものだと言われて育ちましたが、私だって経営に向いているかもしれないのにと思っていました。いまとなっては継いだ会社を維持することはとても大変なことだと理解していますが、当時の私は「自分の道は自分で切り拓いていこう！」と、子どもながらに決めていました。

では、どんな仕事がいいのかと考えたとき、女性でもずっと働ける仕事で、人の役に立つようなものはないかと考え、いつからか医者を目指すようになりました。現在は国連の関連団体で働いている姉が、子どもの頃から積極的にボランティア活動に参加していて、困っている人の生活をサポートする仕事の魅力について教えてくれました。その影響もあって、**「人を助けたい」「将来は人の役に立ちたい」という思い**が強くなっていきました。

私に残すお金はいらないから先行投資をして

■本格的に医者を志す

医者になるために医学部に入ることは簡単ではないということは、小中学生の頃から知っていました。そのため、できるだけ成績上位になるためにコツコツと勉強をがんばっていました。高校生になると、医学部受験を目指して塾にも通いたかったので、「大人になったら稼ぐから、私に残すお金はいらない。だから先行投資をして」と親に頼み込み、塾に通わせてもらっていました（笑）。

医学部のある大学の説明会にも行きました。ある大学の教授は**「どんな医者でも、患者さんに『ありがとうございます』と感謝され、熱い気持ちになる瞬間がある。こんなにありがたい仕事はない」**とおっしゃっていて、本当に素晴らしい仕事だなと思いました。それまでの漠然とした憧れが、「医者になりたい」という明確な意志に変わった瞬間でした。

■毎日がお祭りのようだった学生生活

晴れて医学部に合格し、迎えた学生生活は、とにかく楽しかったですね。医学部は人数が少なく、1学年100人程度だったので全員がほぼ顔見知りです。みんなで授業をさぼって遊んだり、毎日がお祭りのようでした。

ただ、さすがに留年するわけにはいかないので、試験前は勉強に励みました。6年生になると医師国家試験に向けて、1日の大半を大学の自習室で過ごしていました。泊まり込みで試験対策をしたのもいい思い出です。

研修医時代の給料は時給300円

研修先は、東邦大学医療センター大橋病院を選びました。研修医同士がとても仲がよく、別の診療科まで友人の仕事を手伝いに行ったり、「勉強になる患者さんが来ているよ」と声をかけてもらったり、飲み会に誘ってもらったりと、本当に充実した日々を送ることができました。

休日も状態の悪い患者さんがいると心配で診察に行ったり、指導医の先生が出勤している間は自分も帰らないようにしていたため、どうしても勤務時間は長くなり、当時のお給料を時給に換算したら300円でした（笑）。それでも、研修医時代は同期のおかげで楽しい思い出しかありません。同期には私の結婚式にも来てもらいましたし、いまでも連絡を取り合っています。

大橋病院は大学病院の分院で、本院よりも規模が小さかったこともあり、病院全体が和気あいあいとした雰囲気でした。20人ほどいた同期のほとんどは、そのまま研修先の医局に入局し、私も初期研修を終え、研修先の呼吸器内科で働くことになりました。

呼吸器内科を選ぶきっかけとなった二人の恩師

■全身を診る総合的な力を身につけたい

呼吸器内科は、医学部時代の先生の授業がわかりやすくおもしろかったため、もともと興味を持っていました。入学5年次の病院実習では呼吸器内科の指導医に「君は呼吸器内科医になる！」と予言されました。そして、呼吸器内科医として働いていくことを決意した一番の決め手は、初期研修で指導してくださった呼吸器内科の平野雄介先生（現・ひらの内科クリニック院長）ほか、医局の先生方との出会いがあったからです。

先生方は日々楽しそうに仕事をしていて、非常に勉強熱心で努力を重ねながらも後輩に目を配り、優しく接してくださいました。普段はそれぞれ淡々と自分の仕事をしつつ、何かあったときにはすぐに協力するという団結力もあって、理想の医局だと思いました。

呼吸器内科は高い専門性だけでなく、全身を診る力がつく診療科です。また、呼吸器内科の対象疾患は腫瘍、アレルギー、感染症、膠原病など幅広く、全身を診る総合的な力が身につく点に魅力を感じました。

呼吸器内科は肺から全身を診ますが、皮膚科は全身疾患の症状が皮膚表面に出てきたところを診ることができます。そのため、皮膚科にも少し興味を引かれたこともあったのですが、研修医としてさまざまな診療科を経験するなかで、自分の興味は体のなかにあり、内科の勉強をしていきたいと考えるようになったのです。

■働き方のベースとなった恩師の教え

平野先生は、「働き方にもメリハリが大切で、重症の患者さんに対応するためにも、短時間で仕事を終えられるスキルを磨くことが大切だ」「1日に3つだけでも覚えれば、1年後には大きな力になる」と教えてくださいました。こうした考え方は、**スピードや効率、日々の積み重ねを重視している私の働き方のベース**となっています。

平野先生と一緒に働きたいと思い、医局に入局したわけですが、なんと、平野先生は自分のクリニックを開業するために辞めてしまいました。残念な気持ちはありましたが、開業する理由もシンプルで納得のいくものでしたし、開業の準備も非常にスピーディで、ますます尊敬するようになりました。

平野先生のクリニックには、大学病院で働きながら勉強をさせてもらいに行きました。「勉強なのでお給料はいらないです」と申し出たのにもかかわらず、しっかりお給料も支払ってくださり、本当に感謝しています。

私が開業したときにもすぐに駆けつけてくださり、いまでも一緒に食事に行ったり、相談に乗っていただいたりしています。

■難しい内容でもわかりやすく伝える

大橋病院では、松瀬厚人教授にもとてもお世話になりました。松瀬教授は大変勉強熱心な先生で、誰よりもフットワークが軽く、患者さんのために日々診療されています。

講演会では、おもしろいたとえ話なども交えながら、難しい内容もわかりやすく噛み砕いて説明してくださるため、非専門医向けから専門医向けの講演まで、最後まで飽きることなく聞くことができます。

外来で、患者さんが理解しやすいように説明することを心がけるようになったのは松瀬教授の影響も大きく、心から尊敬しています。

終末期医療を経験して医者としての仕事観が変わる

■末期のがん患者さんとの出会い

勤務医時代に印象深かったのは、がんのステージが進んでいた60代女性の患者さんのターミナルケアに携わらせていただいたことです。

患者さんは通常、自分の人生が残り少ないことを告げられると非常に動揺し、事実を受け入れるのに時間がかかります。しかし、その患者さんは、ショックを受けてはいたものの、すぐに「残りの人生を家族とどう楽しむか」と切り替えていらっしゃったため、私たちも、その方が少しでも楽しく過ごせるようにケアに入らせていただきました。

当時の病棟の医療スタッフ全員で協力して、クリスマスに病棟で礼拝を行ったこともありました。その女性は敬虔なクリスチャンで、「人生最後のクリスマスに礼拝をしたい」とおっしゃったのです。できれば退院させて教会に行かせてあげたかったのですが、酸素を吸入しているような状態で退院できなかったため、院内に牧師さんをお呼びして礼拝をしました。最期は、「大好きないちごを食べたい」とおっしゃられて、いちごを食べたあと、息を引き取られました。

末期がんの患者さんに対する告知はつらい瞬間ですが、私たちが医者として正しい認識を伝えたことで患者さんはそれを受け入れ、残った時間にさまざまな思いを実現することができました。

医者は、患者さんの病気を治すことだけが仕事ではない、患者さんの望みを叶えるためにお手伝いをして、少しでも幸せを感じていただくことも役割だと、ターミナルケアの重要性や医師のあり方に気づくことができました。

■医者が患者さんのためにできること

医者として患者さんのためにできることは、本当に限られています。医者は患者さんに治療の選択肢を提示することはできますが、その方が残りの人生をどう過ごすかはその方ご自身次第であり、決して治療を押し付けることはできません。

もしも、がんの告知をしたあと、私が早期緩和治療導入のメリットをお伝えしていなかったら、ご本人の希望を聞かずに医学的に正しいことだけ提案していたら、その患者さんはクリスマスに礼拝をすることも、最期までの数日を家族とゆっくり過ごすこともできなかったでしょう。

医者はプロとして、冷静に治療の選択肢を提示しつつ、患者さんのご希望をお聞きしながら、ベストな方法を一緒に考えるべきです。この患者さんとの出会いは、医者としてのあるべき姿を改めて教えてくれました。

■目の前の患者さんと真摯に向き合う

ガイドライン通りに医学的に推奨されている治療法をおすすめすることは、簡単です。しかし、それでは主治医　かかりつけ医の意味がありません。

いま、私が診ている患者さんの多くはぜんそくなどのアレルギー疾患ですが、たとえば、妊娠をされている方の場合、妊娠前と同じ治療を続けていいのか、おなかの赤ちゃんに影響がないのかと不安になって、お薬を中断してしまうことがあります。また、経済的な理由で治療の継続を断念される方もいます。

「なぜ、治療を中断してしまったのか」「患者さんは何を考え、これからどうしていきたいのか」と、目の前の患者さんに向き合うことが大切です。**医学的な知識だけで患者さんを治そうとするのではなく、その人にとってベストな治療法を提案できる医者でありたい**と願っています。

妊娠・出産を経てクリニックを開業

■出産後8か月で職場復帰

入局して6年目で結婚、9年目のときに妊娠・出産を経験しました。勤務先に、子どもを預けられる保育施設があったため、子どもが8か月のときにその保育施設に預けて職場復帰しました。

子どもが0歳のうちに職場復帰したのには理由があります。ひとつは「0歳で職場復帰」という実績をつくりたかったからです。東京23区は保育園の待機児童が減ったとはいえ、当時住んでいた自治体で希望の認可保育園に入れようとするのはかなり厳しく、職場復帰した実績があったほうが認可保育園に入れやすかったのです。この「保活戦略」のおかげで3歳からは無事、認可保育園に入れることができました。

もうひとつの理由は、仕事にブランクができることが不安だったからです。

■このままでは子育てと仕事を両立できない？

出産後も医局はとても温かく、当直を免除してもらうなどフォローしてくださいました。しかし、いつまでも甘えているわけにはいきません。この先もきっと同僚に迷惑をかけてしまうだろうと思うようになりました。

また、子育てと仕事の両立を考えたときに、自分である程度、仕事をマネジメントしながら働くほうが自分には合っていると思いました。職場ではフォローしてくれているとはいえ、緊急の呼び出しがあったときに小さな子どもを家に置いていけないでしょうし、子どもを抱っこしながら重症の患者さんを診るわけにはいきません。

いまはなんとか働くことができていても、この先ずっと続けられるような働き方ではない――。そうした思いが強くなり、開業して自宅近くに自分のクリニックがあれば、たとえ子どもが熱を出してしまっても、融通が利くと考えました。

もともと「50代くらいになったら開業しよう」と漠然と考えていたのですが、いざ子どもを産んでみると、子どもが成長するまで待っていては身動きが取れなくなってしまうと思い、当時まだ34歳でしたが、開業を決めました。

外来が好きで、多くの患者さんを診たいと思ったのも開業の理由のひとつです。医局でもやりがいを持って働いていましたが、この先ずっと医局に残って、教授になりたいわけでもない、どちらかといえば臨床の現場で日々患者さんと接していきたいと考えていました。

■1年間で開業準備を進め、35歳で開業

開業を決め、辞めることを同僚に告げると、とても残念がってくれました。医師としては中堅以上ですし、戦力が減るのは同僚としても痛手だったと思います。しかし、あのまま医局に残っていたら辞めにくくなってしまったでしょう。去るタイミングとしてはよかったかなと思っています。

私は開業までの1年間で、**クリニックの特徴を強化するために、気管支鏡、アレルギー、総合内科の3つの専門医資格を取得し、成功している開業医の先生のもとへ見学に行き勉強をさせてもらいました。**テナント探しや銀行への融資相談など開業の準備も進め、私が35歳、子どもが3歳のときに開業しました。

開業後はコロナ禍などで大変な思いをしたこともありましたが、いまではクリニックが順調に成長し、分院を開設することもできました。充実した日々を過ごしています。

呼吸器内科の5つの魅力

私は医局に入局してから勤務医として、開業してからはクリニックの院長として、呼吸器内科医のキャリアを積んできました。ここからは、私が考える呼吸器内科の魅力について5つのポイントを挙げて、ご紹介したいと思います。

若い勤務医の先生や医学生・研修医のみなさんには、将来の進路の選択肢のひとつとして呼吸器内科を検討していただきたいと思います。呼吸器内科を目指す医師が増えれば、せきやぜんそくで悩む患者さんを減らすことができ、世界が元気になると信じています。

①スペシャリストでありながら、ジェネラルな視点が持てる

呼吸器内科は感染症、腫瘍性疾患、アレルギー疾患、自己免疫性疾患、肺循環疾患など、内科のなかでも守備範囲が広く、全身を診る力がつく診療科です。肺はほかの臓器・疾患と密接にかかわっているため、呼吸器疾患を診療するためには幅広い内科学の知識が必要となります。**肺のスペシャリストでありながら、内科医としてジェネラルな視点を持つことができる**のです。

実際に、私を指導してくださった先生方はジェネラリストばかりで、カンファレンスでは新しい視点や考え方に触れることができて非常に刺激になりました。

内科系で専門を迷っている方、総合診療力を身につけたいと考えている方にぴったりの診療科だと思います。

②急性期から慢性期、終末期、集中治療、がん診療まで幅広く対応

呼吸器内科は「気道と呼吸」を扱う診療科であるため、緊急時や救急外来で柔軟に

対応する力が身につきます。**人工呼吸器管理を含めた集中治療は、呼吸器内科の得意分野**です。また、肺がんは遺伝子治療や免疫療法など最先端の臨床腫瘍学を学べますし、在宅酸素療法や緩和医療などの慢性期の管理も活躍できるなど、貢献の場がたくさんあります。

③社会的ニーズが高く、専門医の数が少ない

内科の外来において、主訴の第一位はせきです。部位別がん死亡者数の第一位は肺がんであり、呼吸器内科が対応する疾患は圧倒的なニーズがあります。

一方、呼吸器専門医の数は少なく、厚生労働省「令和２（２０２０）年医師・歯科医師・薬剤師統計の概況」によると、消化器病専門医は１万９８１１人、循環器専門医は１万３４５２人で、呼吸器専門医はその半分以下の６２８１人しかいません（図表３－１）。**高齢化に伴い呼吸器疾患は増加傾向にありますが、それに応える人材が不足しており、売り手市場の専門領域**と言えます。

ぜんそくは軽症であっても呼吸器専門医ができるだけ早く介入したほうが、重症化

を防ぐことができて最短距離で寛解を目指せます。専門医が診れば明らかにぜんそくなのに、一般内科で強いせき止めの薬を処方されて様子を見られてしまう患者さんはたくさんいます。

ぜんそくは症状がないときでも吸入を続けることが大切ですが、治療を開始するのが遅かったり、途中で治療をやめてしまったりすると、気道の壁が分厚くなって元に戻らない「リモデリング」という現象が起こってしまうことがあります。

当院はぜんそくの患者さんが多くいますが、専門医がしっかり管理・指導を行っているため、重症化するケースは少なくなっています。患者さんに治療継続の重要性をお話したり、症状に合わせたお薬を処方したり、正しい吸入の仕方をご説明することで重症化は防げるのです。

呼吸器症状で苦しむ患者さんをひとりでも多く救うためにも、若い先生方にはぜひ呼吸器内科に興味を持っていただきたいと願っています。

図表3-1　医療施設に従事する専門医数(上位20)

	専門医名	医療施設に従事する医師数(人)		
		総数	男	女
1	総合内科専門医	33,119	26,474	6,645
2	外科専門医	22,312	20,303	2,009
3	消化器病専門医	19,811	17,341	2,470
4	整形外科専門医	17,476	16,606	870
5	消化器内視鏡専門医	15,289	13,355	1,934
6	小児科専門医	14,168	9,220	4,948
7	循環器専門医	13,452	12,013	1,439
8	麻酔科標榜医	12,179	8,338	3,841
9	産婦人科専門医	11602	7,264	4,338
10	精神科専門医	9,934	7,739	2,195
11	眼科専門医	9,835	6,056	3,779
12	麻酔科専門医	7,997	5,116	2,881
13	耳鼻咽喉科専門医	7,558	5,966	1,592
14	消化器外科専門医	7,532	7,243	289
15	脳神経外科専門医	7,149	6,768	381
16	放射線科専門医	6,391	4,895	1,496
17	肝臓専門医	6,323	5,684	639
18	呼吸器専門医	6,281	5,189	1,092
19	泌尿器科専門医	6,279	5,940	339
20	皮膚科専門医	5,948	3,201	2,747

※2つ以上の資格を取得している場合、各々の資格名に重複計上している
出典：厚生労働省「令和2(2020)年医師・歯科医師・薬剤師統計の概況」をもとに作成

④治療の進歩が速く、飽きない

ぜんそくや肺がんは、新しい治療薬が次々と登場し、治療成績が向上するなど、日々進歩しています。学ぶことが多く、飽きることがありません。一方、ぜんそくや肺がんにかかる患者さんは年々増えており、呼吸器内科は生涯にわたって研究しがいのある領域です。

⑤働くスタイル、働く場所が多彩

急性期から終末期まで幅広く対応するため、働く場所も大学病院（研究職）、市中病院、在宅医療、緩和ケアと多彩です。勤務医として働き続けるだけでなく、クリニックを開業するという手もあります。前述したように、呼吸器専門医の数が少ないため、どこへ行ってもその専門性を活かしていくことが可能です。

これからの呼吸器専門医に求められること

呼吸器内科はジェネラリストとして幅広い知識が求められ、その知識も常にアップデートしていく必要があります。そして、ただ知識を持っているだけではだめで、患者さんに寄り添い、患者さんが何に困っているのか、それはなぜなのかを丁寧に聞きながら、患者さんが求めているものに応えていかなければなりません。

実際、私は日々の**外来診療でガイドライン通りに治療を進めることはほとんどなく、患者さんの状況に合わせた治療法を提案**しています。

すぐにできることではないと思いますが、「どうしたら患者さんのお役に立てるのだろう」と自問自答しながら多くの臨床経験を積み、柔軟に対応できるようになると、医師としての世界が大きく広がると思います。

Column ❷

クリニック院長の1日（平日の診療日）

ここでは、クリニック院長の仕事がイメージしやすいように、私の1日のタイムスケジュールを紹介します。

7：00

起床　朝食と出勤の準備

・子どもを起こして怒涛の身支度をする。
・朝食は納豆ご飯になりがち。メイクはその日の予定に合わせて選ぶ。

8：00

出勤　クリニックまでは徒歩で移動

・クリニックまでは徒歩で約5分。
・歩きながら、かかりつけの患者さんとあいさつをしたり、まわりの環境をチェックする。
・コーヒー党なので、その日の一杯を買ってから出勤。診察が始まると燃えてくるのでアイスコーヒー一択。

8：30

仕事のスタート

・クリニックに到着したら、まずメールをチェックして、その日の予定を確認する。
・事務長やスタッフと15分の打ち合わせ。顔を合わせての打ち合わせは基本的にこの時間だけ。無駄な時間を使わずに済むように、事前にメールやメッセージアプリなどで情報共有しておくことが多い。

8：45

全スタッフミーティング

・五反田、田町の両院全スタッフでミーティング。全体共有事項を伝達する。
・理念の読み合わせを行い、スタッフそれぞれが目標を発表し合う。ほめワークをすることも。

9：00

午前の診療開始

・ほとんど診療に集中していることが多い。
・診療が途切れるタイミングにスタッフとの打ち合わせ、メール返信、ホームページチェック、院内の見回りなどを行う。いずれも5分以内で済ませる。
・診療がない日はスタッフ面談や採用面接を行うことも。

13：00

午前の診療終了後

・オンラインの打ち合わせ、書類作成などを行う。
・昼食兼昼休みは14時から30分程度。課題が多いときはプロテイン、おにぎり、野菜ジュースなどで簡単に済ませがち。

15：00

午後の診療開始

・診療はインカムで連携を取り合いながら、テキパキと進めていく。
・18時30分に診療終了、帰宅する。

19：00

帰宅後　夕食から就寝まで

・夕食の準備をする。おかずは調理するときに多めにつくって冷凍しておく、出前やテイクアウトも利用する。
・お風呂や子どもの宿題や勉強を見る。
・SNSチェック、読書、ストレッチ、気が向いたら家事をする。パーソナルトレーニングでキックボクシングをすることも。
・22～0時に就寝。

自律型人材が育つ
エンゲージメント経営

——成長と変化に対応できる組織づくり

PART 4

クリニック経営で最も重要な「人的資源」

■スタッフのプロ意識を高める

経営資源には「人」「モノ」「カネ」「情報」などがありますが、私がクリニック経営において特に重視しているのは「ヒト」の問題、つまり、「人的資源管理」です。医療はサービス業であるため、医師の診療能力やコミュニケーション力、スタッフの対応力や接遇などが患者満足度に影響し、クリニックの評価につながるからです。

特に当院の場合は都心の駅前に立地しているため、サービス向上のための努力を怠っていると、すぐに近隣の競合クリニックに負けてしまいます。**人材育成に時間とお金をかけることは、スタッフのプロ意識を高め、クリニックが変化に対応しながら成長していくために必要な投資**だと考えています。経営者としてリーダーシップやマネジメント力を発揮して人材を育てることが欠かせません。

■働く側からも選ばれるクリニックへ

一方、生産年齢人口は減少の一途をたどっていて、今後はさらに加速することが予測されています。優秀な医師、看護師は働く場所に困らないため、魅力的な職場でないと募集をかけても応募がないか、採用してもすぐに離れていってしまいます。

当院でもこれまで、多くのスタッフが辞めていきました。離職の理由はさまざまですが、きちんと人を育てる仕組みをつくっていなかったことも原因のひとつだったと思います。採用や育成の難しさ、スタッフの離職といった課題と向き合うなかで、**持続可能な組織づくりには人材育成が最も重要**だと気づくようになりました。

いまでは、オリジナルの教育プランに基づいて先輩が後輩にマンツーマンで指導するようになり、スタッフの成長段階に合わせて無理のないペースで研修を進めているため、新しく入職したスタッフもスムーズに現場で活躍できるようになりました。スタッフ一人ひとりが、やりがいと高いモチベーションを持って仕事に臨めるようにすることは、経営者の重要な役割のひとつです。

経営を意識できる人材を育てる

■理念やビジョン、院長の考え方を浸透させる

人材育成においては、**クリニックの理念やビジョン、院長の考え方をスタッフにしっかりと伝えて理解してもらうことが大切**です。スタッフを目指す方向に導くことで、院長の考えるよりよい組織を築くことができます。しかし、医師や看護師、医療事務に考えを伝えるのは簡単なことではありません。

医療の専門職は考え方の根底に奉仕の精神があり、金銭的な報酬よりも人から感謝されたり、喜ばれたりすることにやりがいを感じる傾向があります。なかには、患者さんに医療を提供して利益を得ることに抵抗感がある方もいます。

ＰＡＲＴ１でも述べた通り、クリニックの収入は「患者数×診療単価」でおおむね決まります。診療単価は、時間をかけて患者さんを丁寧に診ても、１～２分で終えて

も同じで、知識や経験が豊富な専門医が診ても、初期研修を終えたばかりの医師が診ても変わりません。つまり、診療の質を維持したままクリニックの収入を上げるためには、医師の生産性を高めて、オペレーションの無駄を省き、たくさんの患者さんを効率的に診る必要があるのです。

しかし、保険診療の仕組みを知らないスタッフに対して、「ひとりの患者さんに時間をかけ過ぎないで」「売上を上げたいからもっと効率を考えて」とストレートに伝えても、納得してもらうことは難しいでしょう。スタッフは経営者と違い、クリニックの収支や経営の数値目標などを意識したことがないからです。伝え方を工夫する必要があります。

また、診療の質を維持したまま効率化を図ることは、患者さんの待ち時間が減る、多くの患者さんに診療を提供できるなど、患者さん側のメリットにもつながります。その結果として、クリニックのリピーターが増えていきます。

■納得感を持って働いてもらうために

私は月に一度のランチ会などを利用して、「専門性の高い医療を提供しても同じ報酬しかもらえない」などと、冗談めかして話すことがあります。これは、決して愚痴を言いたいわけではなく、雑談を通じて保険診療の仕組みや経営の基本的な部分を知ってほしいという思いがあるから伝えています。

クリニックは患者さんからお金をいただくことで成り立っています。**日々の診療で利益が出なければ質の高い医療サービスは提供できませんし、持続的な成長も叶いません。**お金をいただいている以上、医療サービスのプロフェッショナルとして、満足していただけるサービスを提供するべきであること、組織がワンチームとなって効率性を重視することがクリニックの価値向上につながり、最終的には患者さんのためになることをスタッフに丁寧に説明します。ただ頭ごなしに指示を出すだけではなく、納得感を持って業務にあたってもらう必要があるのです。

医師の「外来戦闘力」を高める

■外来診療で必要な医師のスキル

私は外来診療に必要な医師のスキルを総称して、「外来戦闘力」と呼んでいます。外来戦闘力には図表4－1のようなスキルが含まれます。

また、患者さんにきちんと話を聞いてもらったり、たとえ話を交えて理解を促す会話力、診察室から患者さんの待ち状況を把握する力、また会いたいと思わせる人間的な魅力なども外来戦闘力に加えてもいいかもしれません。

当法人では、分院も合わせると8名の医師が在籍しています。縁あって一緒に働いてくれることになった先生にはトライアル勤務や入職後すぐに私の診察に同席してもらいます。当院に**どのような患者さんが多いのか、どのような診療方針であるかを理解してもらいながら、外来戦闘力を高めてもらう**ことが目的です。外来経験が浅

図表4-1　外来戦闘力に含まれるスキル

- 医学的な専門知識の豊富さ
- 患者さんの主訴から重要な情報を引き出す力
- 必要な検査を判断する力
- 素早くカルテを入力する力
- 患者さんに必要な情報を的確に伝える力
- 専門的な視点から患者さんに合う薬剤を選択する力
- 必要十分な接遇力
- これらすべてを時間内に終わらせる力
- スタッフと協働できる力

く、すぐには同じようにできない先生には、「ステップバイステップでがんばりましょう」とお伝えしています。

実際に私の診療を見た医師は、そのスピード感やスタッフとのスムーズな連携に驚かれるようです。私がなぜ診療が得意になったかというと、単純に患者さんと接することが好きだからだと思います。患者さんを観察して話し方を変えたり、その反応を見て分析するのが好きですし、自分の診察で患者さんが満足してくれたり、再診率が上がったり、患者さんのコンプライアンスが向上することで、状態が安定すれば、私はとても嬉しくなります。

■オリジナルの診療マニュアルを共有

当院では以前、患者満足度調査を行った際にいただいた「○○先生の診察は院長と差があり過ぎる」「担当医が初診時に名乗らなかった」などの意見を参考にしながら、改善点を洗い出してオリジナルの診療マニュアルを作成しました。マニュアルには一般的なビジネスマナーの要素も取り入れ、医師ができるだけ迷わず診療できるようにしています。

当初、外来経験のある医師にマニュアルを渡すことは失礼かもしれないとも思ったのですが、当院のルールとして必ず見てもらうようにして、書かれた内容を守ってもらうようにしました。やはり、**担当する医師によって差が出てしまっては患者さんに申し訳ないですし、診療を標準化して高いレベルを維持することは大切**です。

入職から間もない医師は、当院の特徴や強み、患者さんが何を求めて来院しているのかがわからないことも多く、当院の方針ややり方を伝えると素直に「わかりました」と聞き入れてくれます。医師はそれが「患者さんのためになる」と思えば、納得してすぐに行動に移してくれることが多く、これは看護師も同様です。

実際にマニュアルに書かれた内容をお願いすると、やはり診察がスムーズに進み、勤務医の先生からも「外来スキルが上がった！」「成長の実感がある」と好評をいただいています。せっかくご縁があって当院で働く以上、その方には非金銭的な報酬も得てほしいと思っています。

■医師キャリアの財産となる外来戦闘力

外来戦闘力を高めることは、医師キャリアにおいて間違いなく財産になります。クリニックで勤務医をされている先生のなかには、いずれ自分のクリニックを開業して、院長として活躍される方もいるでしょうし、開業しなくても、外来診療を続ける方は多いでしょう。患者さんから選ばれる医師として、質の高い医療を効率的に提供できる医師として、どのような医療機関で働くことになっても重宝されるはずです。

外来診療は医学的な知識を持っているだけではだめで、患者さんが不安なく通院を続けられるように話し方や伝え方、振る舞いや態度を改善したり、看護師や医療事務と良好な関係を築いて診療がスムーズにいくように貢献したりすることも必要です。

当院では、外来戦闘力を伸ばしていただくために、できる限りのサポートを行っています。**日々、自分の仕事について振り返る時間を設けているため、気づきを得ながら成長できる環境がある**と思います。

実際、分院の院長をお願いしている藤原赤人先生は、「呼吸器専門医として16年のキャリアを積んできたが、ハピコワ会に来てから毎日新しい発見、気づきがある」と話してくれました。

■開業前にクリニックの勤務医として働くのもひとつの手段

私の場合、ゼロからものを生み出すのが得意なタイプなので、クリニックの勤務医として働くことなく、大学病院を辞めてすぐに開業という道を選びました。人によっては、すでに軌道に乗ったものを継続させることが得意な人もいれば、すでにあるものを改善するのが得意な人もいるでしょう。

「いずれは開業をしてみたいけど、いきなりリスクを負う勇気がない」という方は、開業前にクリニックの勤務医として働くというのも賢い選択だと思います。

実際に働くことで開業のイメージがつきますし、現実を知ったうえで、それでも自分のクリニックを開きたいのか、勤務医で働くほうが向いているのかなど、自分の適性や希望を知ることもできます。

勤務先は、自分がどのような医療を提供したいのかを考え、その理想に近いクリニックを選びましょう。**積極的に分院展開をしている法人なら、分院長になるという道もあります。**呼吸器疾患の患者さんをたくさん診たい方、外来戦闘力を高めたい方はぜひ当院にご一報ください。見学も大歓迎です。

クリニック経営におけるエンゲージメントという視点

人材不足が続くなか、医師、看護師は働き場所に困ることはありません。自分の成長や仕事に対するやりがいを感じられる職場でなければ、長く働く理由はなく、離職してしまいます。実際に「募集をかけても応募がこない」「採用しても人が定着しない」「スタッフが大量離職してしまった」「職員トラブルに頭を悩ませている」というクリニックの話はよく聞きますし、私自身、スタッフが離れていく姿を何度も見てきました。

どうすれば、スタッフ一人ひとりが高い目標ややりがいを持って働くことができるのか。どうすれば、職場に愛着を持って長く貢献してもらえるようになるのか。試行錯誤を繰り返し、たどり着いた答えが、「エンゲージメント」という視点です。

エンゲージメントとは、個人の仕事に対するモチベーションややる気のことです。一般企業の採用人事の現場で近年よく取り上げられるキーワードで、組織への帰属意識、貢献意欲という意味で使用されることもあります。新聞やウェブ記事、書籍などで見聞きしたことがある方も多いのではないでしょうか。**エンゲージメントが高い組織は営業利益率や労働生産性にプラスの影響をもたらす**という研究結果も報告されています。

医師や看護師の多くは、患者さんの不安に寄り添いたい、そのために自分自身が成長したいと願っています。私たちクリニックの経営者はその願いを叶えるために、持続的に成長できる環境を整える必要があるのです。

とはいえ、私自身がプレイングマネジャーとして働くなかで、スタッフに常にかかりきりで指導や研修を行うわけにはいきません。スタッフ一人ひとりが自分の目標を持ち、組織の目標を理解して、仕事へやりがいを感じながら主体的に業務に打ち込む姿勢を持つのと同時に、そうした**スタッフの熱意を後押しする人材育成の仕組み**が大切なのです。

「エンゲージメント」と「職員満足度」の違い

エンゲージメントと似た言葉に、「職員満足度」があります。どちらもスタッフの意

図表4-2　エンゲージメント経営が生み出す好循環

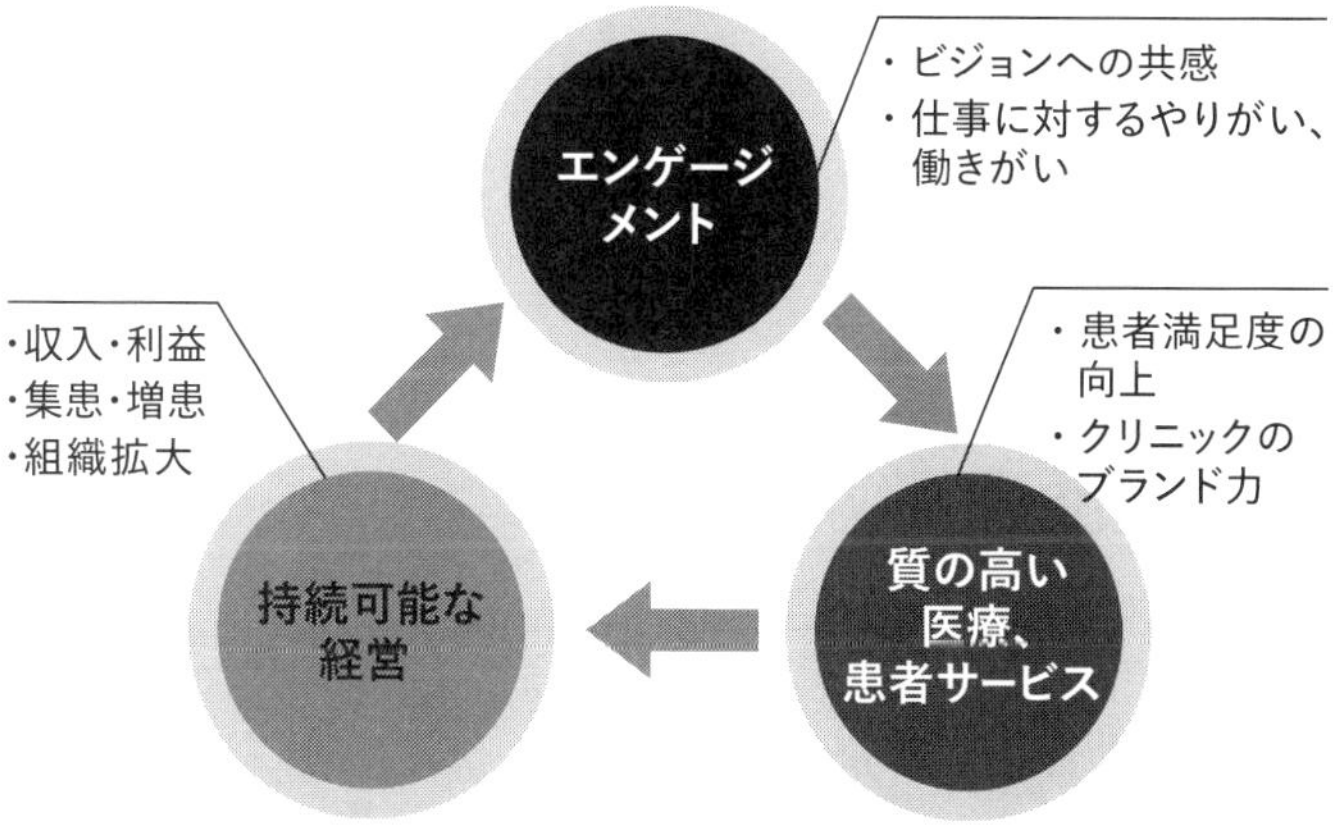

識調査の指標となる概念です。

この2つの言葉についてはさまざまな解釈があります。一般的にエンゲージメントは「組織への帰属意識、組織の目標に対する理解度や共感度」であるのに対して、職員満足度は「福利厚生や職場環境、給与、上司のマネジメントなどに対する職員の満足度」を表しています(図表4−2)。

私個人の考えとしては、職員満足度を高めることは大切ではあるものの、それだけでは人材の定着や組織運営はうまくいかず、スタッフにクリニックの理念やビジョンを理解してもらい、同じ船に乗って戦ってもらう必要があると考えています。そのために重要なのがエンゲージメントです。

私たちは患者さんの健康や幸せのために働いています。医師、看護師、医療事務がチームとして協働し、働きながら成長していくことで、より質の高い医療が提供できるようになります。高品質な医療を提供することで、患者さんの健康に寄与し、それがスタッフのやりがいにつながるという好循環が生まれます。

自己満足のためだけではなく、「患者さんを健康にすること」を第一の目的にして、自分の人生の価値を高めるような働き方をしてほしい、組織の課題を「自分ごと」と捉えて仕事に取り組んでほしいというのが私の願いです。

エンゲージメントを高める人材育成

では、具体的に、どのようにしてスタッフのエンゲージメントを高めていけばいいのでしょうか。当院の実践事例を①コミュニケーションの改善、②目標設定とフィードバック、③自己成長の機会の創出、④ワークライフバランスの促進、⑤院内文化の醸成・働きやすい環境づくり——の5つの視点から紹介します。

①コミュニケーションの改善

当院では、「ビジネスマナー研修」という、一般企業で行っているようなビジネスマナーを学ぶ研修があります。医療はサービス業であるため、ビジネスマナーを習得して患者さんに不快な思いをさせないようにすることが大切です。研修では、ホウレンソウ（報告・連絡・相談）の仕方や、患者さんに対する言葉遣い、身だしなみなど、一般的な礼儀作法や所作を習います。

マナー研修を取り入れてから、患者さんに対して失礼な言葉遣いをしてしまうようなことはなくなりましたし、スタッフ同士の連携も短時間でスムーズに行えるようになりました。**話し言葉だけでなく書き言葉も上達し、電子カルテに必要な情報を的確に書けるようになった**と思います。

さまざまな職種が入り乱れて日々活動する院内では、正確な情報共有が不可欠となります。緊張感のある医療の現場だからこそ、誤解や勘違いによるミスを防ぐことが重要です。当院は情報共有の徹底で、誰かが欠勤しても問題ない状態に保てるようにしています。

コミュニケーションに関しては、感謝を伝え合う時間も大切にしています。クリニックの理念を体現するための活動に取り組んだり、さらなる高みを目指して努力を重ねたり、当院には前向きな思いを持って働くスタッフが大勢います。見習うべき行いをしているスタッフに対しては、いい刺激を受けていることをしっかりと伝え、チーム一丸となってさらによりよい医療を提供できるように心がけています。**感謝の言葉は毎朝の朝礼時に伝えるほか、院内の「感謝伝言板」に残すことができます。**最近では「ほめワーク」を毎週行い、ほめる練習もしています。

毎朝の朝礼では患者さんに対するよりよい医療について活発な意見交換や改善のためのアイデア出しなど前向きな意見が飛び交います。朝礼や日々の業務のなかで、スタッフへ態度の改善や注意を促す発言をする場面もありますが、そんなときには客観性を持ち、人間性を責めるのではなく純粋にその行為にフォーカスを当てて注意をするように心がけています。

また、「ここをこうしてほしい」という「もっとポイント」は、ここがよかったという「グッドポイント」とセットで伝えることを徹底しています。誰でも、ダメ出しされるだけだと気分が落ち込んでしまうため、「ここはよかったけど、この部分はこうしてほしい」と伝えることで角が立たずに相手に伝わります。

患者さんの前で注意をしなければならないとき、「その言い方はよくありませんよ」ということを伝えたいときなどは、**「はんぺん」という隠語を使う**ことにしています。患者さんに対して、少し言い方がきついスタッフがいたとき、表情が硬いスタッフがいたときなど、患者さんの前では本人に指摘することができないため、「いまの言い方、『はんぺん』かもしれないです」などと言って、本人に気づいてもらうようにしています。

私もピークタイムに機械トラブルなどが発生すると、つい「ああ、もうこれ、どうにかして！」と言ってしまい、スタッフから「院長、はんぺんですよ」と注意されることがよくあります（笑）。

あとは、自分の言い方がよくないと思ったときに、発言のあとに「いまのは『はんぺん』でした」と「セルフはんぺん」をすることもあります。「しまった、言い方がきつかった」と思ったとき、普通は「ごめんなさい」と謝りますが、そうすると謝られたほうも「院長に謝らせてしまった」と申し訳ない気持ちになってしまって、お互いにモヤモヤとした気持ちが残ることがあります。そんなときに「いまの発言、『はんぺん』だったわ」と言うと、気の抜けた言葉の響きが場の緊張感をほぐしてくれます。

私は基本的にフレンドリーな人間だと思いますが、やはり、**理事長・院長という立場上、どんなにこちらが優しい言葉で注意をしているつもりでも、スタッフとしては心理的なダメージが大きい**と思うのです。そんなときでも、「『はんぺん』でした」と言うことで、少し和んでもらえたらいいなと思っています。

誰も嫌な気持ちにならない隠語を使って注意を促すというこの方法はとてもおすすめです。言葉は「はんぺん」でも「タピオカ」でもなんでもいいと思います。スタッフの好きな食べ物にするといいのではないでしょうか。

仕事の話だけでなく、ざっくばらんに雑談をする時間も大切にしています。月に一度は研修のあとにみんなでごはんを食べに行ったり、スタッフの希望を募って出前を取って、みんなで食べるようにしています。

業務時間では仕事と関係のない話ができないので、ランチの際にはスタッフがどのようにプライベートを過ごしているのか、何に興味を持っているのかを聞くようにしています。単純に、若いスタッフの興味・関心が知りたいというのもありますし、打ち解けていないスタッフを会話に巻き込むことで仲良く働いてほしいという狙いもあります。業務中は把握しにくいスタッフ同士の関係性も垣間見え、とても有意義な時間です。

②目標設定とフィードバック

月に一度、私や事務長、課長、リーダーがスタッフ一人ひとりと面談を行い、日々の業務における困りごとや悩みごとに対しての解決を図る場としています。また、前月の目標が達成できたか、次は何を目標にするのかを話し合い、必要に応じて方向修正を行います。

当院では、**一人ひとりが着実にキャリアアップできるように「キャリアラダー制度」を設けています。**ラダー（はしご）の一つひとつのステップに、仕事の内容、スキル、目標が設定されており、これに即して昇給・評価が行われます。目標は3か月、6か月、1年、3年と入職年数で細かく決められているため、自分のキャリアを開発していくうえでいい目安となります。

ラダー設定のもととなるのが、「スタッフとしてのあるべき姿」の項目です。スキル面だけでなく、医院概念の理解、自発性、素直さなどの項目があり、それに則って作成されたグレード表をもとに点数化し、昇給・評価を行っています。

組織全体としては、ハピコワ会の「クレド」をもとに、**半期に一度、スタッフ全員で目標を決めています。**自分たちが次の半年で注力したいことを全員で話し合っていますが、自分たちで考えるようにしてから、スタッフは組織全体のことを「自分ごと」として捉えて行動してくれるようになりました。みんなで考えた目標は、朝礼で理念を唱和するときに一緒に読んでいます。

③自己成長の機会の創出

当院では、クリニック全体としての高品質なサービスの提供・維持をモットーとした教育を行っています。

勤務医には診療マニュアルを用意し、医師によって診療の質に差が出ないようにしています。

医療事務は未経験の方でも安心できるように、身近な先輩がトレーナーとなって、当院オリジナルの研修マニュアルに沿ってサポートします。患者さんに対する挨拶や案内の仕方など、シチュエーションごとにわかりやすい研修動画などを種類豊富に用意しています。マニュアルはタブレットやスマホを用いていつでも確認することができます。きめ細かな研修内容で、**医療事務は1年でレセプトチェックや送信ができるようになり、2年でレセプト総括までできるようになります。**

実務に必要となる専門知識や技術の向上を図る研修はもちろんのこと、ビジネス研修や外部講師を招いての学びの場の提供など、さまざまな切り口から総合的なスキルアップを目指す取り組みも実施しています。

また、**意識が高く、自らの学びを広げる活動に積極的なスタッフには、学会や勉強会に参加してもらったり、学習に必要となる書籍代や資格取得に向けた費用のサポート**を行っています。個人の目標や関心に沿った書籍があれば、それぞれのスタッフに渡して読書レポートとして提出してもらうほか、発表の場などを通じて、クリニック全体で共有してレベルアップを図ります。

普段の業務に関する専門知識や技術面の向上を評価するだけでなく、ビジネススキルやヒューマンスキル全般を含めたバランスを重視した人材育成を行っています。

一人ひとりのモチベーションを高めるためにも、患者さんから名指しでほめられたときにはすぐに共有したり、朝礼時にスタッフをほめ合ったりと、前向きな気持ちで仕事に取り組める雰囲気があります。自己実現に向けて意識高く学ぶ姿勢を評価しています。

④ワークライフバランスの促進

当法人の行動指針には、「テンポよくメリハリをつけて働くこと」「時間や期日を守ること」という項目があります。いつまでも残業をしていると疲労がたまり効率が悪くなりますし、ダラダラと働く人がいると院内の雰囲気も悪くなります。スタッフは仕事が終わったらオフの時間を楽しむべく、すぐに帰宅していますね。**残業は申請制で、残業をした場合は1分単位で残業代を支給**しています。

勤務時間は8時30分から18時30分（実働8時間、休憩2時間）までです。年間休日は120日で、日曜日・祝日、水曜日午後、土曜日午後が休診、ゴールデンウイーク以外に夏季休暇6日、年末年始休暇は8日取得できます。スタッフ体制には比較的余裕があるため、休暇を取得しやすい環境です。

⑤院内文化の醸成・働きやすい環境づくり

当法人の行動指針には「協働の精神」という項目があります。「助け合いの精神をもつこと」「前向きな提案と前向きな伝え方をすること」「柔軟な発想で仲間と協働すること」という指針を定めており、みんながポジティブに働けるように環境改善に取り組んでいます。

ネガティブな発言はNGにしています。ネガティブな言葉は、たとえ、自分には関係のない内容だったとしても耳に入るだけで嫌な気持ちになってしまうため、できるだけポジティブな言い方に変換してもらうようにしています。**もっとこうしてほしい「もっとポイント」を必ず「グッドポイント」とセットで伝える**ようにしているのも、そのためです。

何かスタッフに言いたいことがあるときは、陰で言うのではなく公の場を設けたり、本人に直接言うようにしてもらっています。よほど気になる行動があって上申するときも、自分の勝手な思い込みが入らないよう、純粋にその人の行動（事象）のみを客観的に説明してもらうようにお願いしています。多角的に考えてからの発言を意識しており、リフレーミング（物事を見る枠組みを変えて、違う視点で捉えることで、ポジティブに解釈できるようになること）などの練習もしています。

スタッフは一人ひとりが患者さんに対する熱い想いを持ちながら日々仕事に打ち込んでいます。毎朝の朝礼時には患者さんに対するよりよい医療についての活発な意見交換や改善のためのアイデア出しなど前向きな意見が飛び交います。改善すべき点に対してはスピード感を持って柔軟に対応しており、改善によって得られる成果も早く実感できるため、より働きやすい環境づくりにつながっています。

日々業務に取り組むなかで困ったことや不安に思うことがあれば、いつでも上長に気軽に相談できる風通しのいい職場です。


また、誰もがスムーズに働ける空間づくりを徹底しています。物品の保管場所もわかりやすくマーキングされており、情報共有がスムーズで、急に物の置き場所が変更されて混乱が生じるようなこともありません。改善が必要な場合には、必ずみんなで話し合って決定します。**さまざまな職種のスタッフと協働する場所だからこそ、誰もが迷いなく業務に全力であたれることを最重要視した環境**となっています。

スタッフの健康も重視し、福利厚生としてお昼休みには「おかん食堂」の一品100円で購入できる栄養バランスに優れたバリエーション豊かなおかずも用意しています。定期的におやつの差し入れも行って、休憩時間は仲間たちとリラックスした時間を楽しめます。

エンゲージメントを高めたことによる成果

エンゲージメントを高める取り組みを行うようになってから、スタッフ一人ひとりが高いプロ意識を持って、個々の目標に向けて日々努力するようになりました。**自らの意思で考え、組織貢献のために能動的に業務を遂行できる自律型人材が育っています。**その成果は、患者満足度の向上にも表れており、コロナ禍以降の順調な患者さんの増加につながっています。

当院の患者満足度調査はＧｏｏｇｌｅフォームを活用していますが、いい評価は積極的にスタッフに共有し、士気を高めるようにしています。「受付の方の対応がよく、安心して受診することができた」「看護師さんの明るい対応に元気をもらえた」など、リアルな患者さんの声はスタッフにとって一番の励みになります。

医師の場合、診察時に患者さんから感謝の言葉をいただくこともありますが、受付スタッフや看護師はそういった機会がなかなかありません。また、経営者である院長は再診率などの数字を見て評価を実感できますが、スタッフは自分たちが行ったことの成果が見えにくい部分があります。

特に当院のスタッフの場合は、自分のいいところよりも改善すべきところを探してしまうようなタイプが多いため、いいご意見をもらうと「そんな風に患者さんは見てくれていたんだ」とはっとするようです。患者さんからの声は客観的な評価なので、自分たちの行動のひとつの結果としてモチベーションにつながっているようです。

また、貴重なご意見をいただき改善していくことで、よりよいクリニックをみんなでつくり上げていく実感があると思います。

成長したい意欲がある人が満足できる場所

当院では、成長意欲があり、患者さんやクリニックのために変化をいとわない方を求めています。そのような方であれば当院で働くことで、きっと自分の成長を実感しながら、やりがいを持って働くことができると思います。

誰もが1日の多くの時間を仕事に費やしています。その仕事が生きがいになり、社会貢献にもつながるのはとても幸せなことだと思います。意欲のあるスタッフと出会え、新しい自分と出会える、そして自分自身が大きく成長できる職場にしていくことが大切だと思っています。

ここからは当法人スタッフの体験記を紹介します。スタッフのさまざまな思いから、当法人が目指しているクリニックや組織づくりを理解していただけたら、とてもうれしく思います（スタッフの入職からの経験年数は２０２３年11月現在）。

組織のため、スタッフみんなのために行動できる職場

看護課課長（入職2年目）

入職前は、大学病院の脳神経外科で約6年間働いていました。日々患者さんと接し、退院時の生活指導を行うなかで、予防医療の大切さを実感することが多くありました。地域の皆さんが病気になったり、重症化する前に、自分ができることがもっとあるのではないか――。日に日にその思いが増していき、患者さんの生活に寄り添った地域医療にかかわりたいと考えるようになりました。

結婚を機に東京に引っ越してから転職先を探していてハピコワ会の採用サイトにたどり着き、「地域の人々の健康を支えることで、スタッフもハッピーになれる」という理念を見て、「まさに私がやりたい医療だ」と共感しました。

転職活動では、地域医療を掲げるクリニックのホームページをいろいろと見たのですが、ここまでわかりやすい理念と、理念実現のための明確な指針を掲げているクリニックはほかに見つかりませんでした。

ハピコワ会のよさは、スタッフがみんな前向きであることです。「患者さんがよくなるために、このクリニックがよくなるためにどうすればいいのか？」とい

うことをスタッフ全員が考えており、改善点があれば朝礼ですぐに意見を出し合い実行しています。気づいたことがあればどんどん発言できる雰囲気があるため、新しく入ったスタッフも、私たちにはない視点で意見を出してくれます。

以前の大学病院では、患者さんのことを話し合う時間はあっても、病院の運営に関すること、業務の改善点などを振り返る時間がほとんどありませんでした。

一方、ハピコワ会は、自分たちのオペレーションや業務が改善すれば、待ち時間短縮など患者さんにいい影響があるという考え方のもと、自分たちの業務を振り返って議論する場が設けられています。

スタッフからの意見で取り入れられたアイデアはたくさんあります。たとえば、あるスタッフが、冷蔵庫のなかの検体を外部の検査機関に提出し忘れてしまったときのことです。どうすれば提出漏れを防げるかをみんなで話し合い、冷蔵庫に検体があることを知らせる札を立てるというアイデアを取り入れた結果、提出漏れをなくすことができました。

ミスが起きたときにミスをしたスタッフを責めるのではなく、次にミスを起こさないためにどのように仕組みを整えるのかを考えて実行できるので、スタッフ同士の雰囲気がよく、働きやすい職場になっていると実感しています。

私たちは、「患者さんのために何ができるかを考え行動することを第一に、スタッフ同士が協働することがよりよい組織づくりにつながる」という考えのもと働いています。組織の一員として与えられた仕事を遂行することは大切ですが、組織の成長に貢献することも大切な役割です。

私は看護課課長であり、後輩たちを育成するポジションであるため、後輩のフォローや指導などを行うこともありますが、後輩たちが組織のため、ほかのスタッフのために発言したり、行動したりしている姿を見ると嬉しく、大きなやりがいを感じます。ハピコワ会で働けて本当によかったなと思える瞬間です。

患者さんが安心してずっと通えるクリニックを目指して

看護師（入職1年目）

私は、呼吸器内科の病棟で約9年間働き、急性期から終末期までさまざまな呼吸器疾患の患者さんの看護に携わってきました。呼吸が苦しい、がんの痛みがつらいなど、患者さんの苦痛は本人にしかわかりませんが、患者さんの訴えを聞きながら状態を評価して、できるだけ苦痛を取り除けるように介入することに大きなやりがいを感じ、もっと呼吸器内科のスキルを高めたいと思っていました。

ただ、病棟では学会や委員会、研修会などで休みの日も常に仕事と関係のあることをしているような状況でした。夜勤明けに夜まで学会の準備などをすることも多く、今後責任ある仕事を任されることがさらに多くなると思うと、長く働き続けることは体力的に現実的ではないと考えるようになりました。そこで、夜勤や残業のないクリニックを探し、転職しました。

ハピコワ会で働くようになって驚いたのが、岸本理事長の患者さんに対する説明のわかりやすさです。前職では、ご本人やご家族に対する医師の説明が不十分だと感じることもありましたが、「時間も限られているし、仕方がないのかもしれない」ともどかしい思いがありました。

岸本理事長の診察は、限られた時間内で多くの情報を患者さんに伝えています。しかも、患者さんの性格や理解度に合わせて個別にアプローチの仕方を変え、最終的に患者さんが納得して治療を進めていけるように話をされます。「これだったら、患者さんが納得して自宅に帰れるだろう」と安心することができました。能力の高い先生と働くことは看護師としての気づきも多く、学びの多い職場だと感じています。

また、スタッフからは、「1ほめ、1アドバイス」として、できている点と改善点をひとつずつアドバイスしてもらえる機会があるので、自分自身の強みやウィークポイントを日々考えながら、成長している実感があります。

ハピコワ会には、ぜんそくの初期段階や中等症の患者さんが多くいらっしゃいますが、患者さんご自身が病状を理解して、コントロールしていけるように生活面や服薬の指導に力を入れていて、呼吸器内科のスキルを高めながら、患者さんのためにできることを考えて介入していける部分にやりがいを感じています。

これからも、患者さんから「安心して通いたい」「またかかりたい」と思えるクリニックづくりに貢献していきたいと思っています。

組織に貢献できている実感がやりがいに

医事課主任補佐（入職2年目）

前職は整形外科の専門病院で1年ほど医療事務をしていました。ハピコワ会に入職を決めたのは、「患者さんファーストでありながら、患者さんだけでなく、働く人も幸せにする」という法人の理念、「人を笑顔にすることに喜びを感じる人と一緒に働きたい」という岸本理事長の思いに共感したからです。岸本理事長は大変エネルギッシュでハキハキとしていて、その明るい人柄にも惹かれました。

ハピコワ会は、新人もベテランも分け隔てなく意見を取り入れてくれる組織風土があります。朝礼などの時間にスタッフがアイデアを出し合い、みんなで議論する時間があるのですが、患者さんのご案内に関する私の提案が実際に採用されたこともあります。

以前の勤務先では、組織の歯車の一部として、毎日決められた業務をただこなすだけでした。いまは組織の成長を担うスタッフのひとりとして尊重してもらっていて、責任ある仕事を任されている実感がやりがいにつながっています。

ハピコワ会はいつも「ありがとう」という言葉が飛び交い、スタッフ間のコミュニケーションが取りやすいことも特徴です。話しかけにくいスタッフがひとりでもいると、聞きたいことがあっても聞けないなど、働きにくさを感じます。忙しいなかでも医療事務、看護師、医師、岸本理事長がスムーズに連携できているので、何かトラブルが起きた場合でも迷うことなく対応できます。

患者さんは、「病気をどうにかしたい」と思って、来院してくださっています。私が医療事務として心がけていることは、そうした患者さんの立場になって自分は何ができるのかを常に考えて行動することです。理念にある「地域ナンバーワンのクリニック」を目指して、日々邁進していきたいと思います。

互いにほめ合う仲間がいるから成長できる

医事課（入職1年目）

私は大学で化学を専攻していたのですが、医療に助けられた経験があり、医療現場で人とかかわる仕事がしたいと考え、資格がなくても働ける医療事務を選びました。ハピコワ会はクリニックの採用ページを見て興味を持ち、応募しました。

面接では、岸本理事長が私の話を真剣に聞いてくださり、「一緒に働きたい」という気持ちがまっすぐに伝わってきました。とても感動し、入職を決めました。私が初めての新卒採用になったそうです。

現在は先輩に教わりながら受付や会計、レセプト請求などの業務を行っています。念願が叶ってクリニックで働けるようになったものの、はじめは医療知識がないことに戸惑い、「本当に自分はこの仕事をしていいのだろうか」と不安な気持ちでした。何度か岸本理事長に相談したことがあるのですが、そのたびに「最初はできなくて当たり前。少しずつできるようになればいい」と励ましてくださり、モチベーションを維持することができました。

ハピコワ会は、みんなが安心して働くことができる職場です。何かトラブルがあったときでも全員でカバーし合える環境があります。

以前、患者さんのお名前を間違えてしまって落ち込んでいた私に先輩がメッセージカードをくださり、心が救われたことがあります。岸本理事長も、「人間誰しも失敗はする。だから失敗がいけないわけではない。そこから反省して、次につなげればいいよ」と日頃から言っていて、温かい職場だなと実感しています。

朝礼では、スタッフをほかのスタッフ全員でほめ合う時間があります。普段はどうしても自分のミスや足りない部分ばかりに目を向けてしまいがちですが、先輩方が私のいいところをほめてくださるので、「自分の強みを活かして働いていこう」と自信を持つことができます。理事長や先輩方が忙しいなかでも私のことを気にかけ、大切にしてくれているんだなと、とてもありがたく思っています。

ハピコワ会は、大きく成長できる職場でもあります。朝礼や業務の合間にスタッフ同士が活発に意見交換をする機会が多いため、自然と発言の機会が多くなり、人前で自分の意見を言うことが以前ほど苦手ではなくなりました。

これからも、クリニックの一員として貢献できるように、薬や病気についての知識を身につけたいと思います。そして、患者さんがどのような症状で悩んでいるのか、患者さんの気持ちを汲み取れるようにしたいです。

いまは自分のことで精一杯ですが、ゆくゆくは先輩方のようにクリニック全体に目を向けられるように、高い視座と実力を備えた人材になることが目標です。

ハピコワ会がこれから目指すもの

■地域ナンバーワンのクリニック

当法人はこれからも、地域の皆様に愛されるナンバーワンのクリニックを目指して成長を続けていきます。日々診療を行うなかで、せきや息が苦しいという患者さんがあまりに多いことに驚いてきました。専門性の高さと臨床経験を活かし、できる限り早期から適切な診断、治療、サポートをすることで、多くの患者さんのお役に立つことが私たちの使命です。

これからも実績を積み重ねることで、ハピコワ会のブランド力をさらに高め、より多くの方に当法人のことを知っていただきたいと考えています。ぜんそくなど呼吸器疾患でお困りの患者さんのためになるような情報発信も積極的に行い、直接は出会えない患者さんにも貢献していきます。

また、ハピコワクリニックで**実践してきたマネジメントや人材育成のノウハウを分**

院というかたちで横展開して、より多くの患者さんを救いたいという思いもあります。専門的な診断がなされず、治療方針が不明な状態のまま過ごされる不安や苦痛は計り知れません。

当院で質の高い診療スキルを身につける医師が増えれば、それだけ多くの患者さんの健康に寄与できます。看護師や医療事務も、この先どのような職場に行っても、組織や患者さんのために大きく貢献できる貴重な人材となるでしょう。

■「病気のためにあきらめる」をなくす

私たちは、自分ひとりの力で医師や看護師になったわけではなく、多くの恩師や先輩たちから知識と技術を教えてもらい、患者さんに育てられていまがあるわけです。そうしたプロセスを経て医療の現場で働かせていただいているからには、受けた恩をしっかりとフィードバックしなければならないし、プロとして努力を続けていかなければいけません。

「患者さんのためにできることは何か」と常に考え、柔軟に、前向きに変化し、一人ひとりの患者さんに寄り添い、病状やライフステージが変わっても、患者さんが不安なく通院を続けられること、健やかに過ごしていける社会をつくることが目標です。

ぜんそくで苦しむ患者さんを減らすことは、世界を元気にすることにつながります。当院には20～40代の若い患者さんが多くいらっしゃいますが、そういった方たちに継続的に通ってもらい、症状が改善すれば、自分の趣味や仕事により一層邁進できます。

先日、久しぶりに来院したかかりつけの患者さんと話をしていて、「忙し過ぎて治療に来られなかった」というので詳しくお話をうかがうと、昔からの夢だった自分のお菓子屋さんを開業することが決まったとのことでした。

当たり前ですが、患者さんには患者さんの人生があり、「この日までにどうしても元気になりたい」という思いがあるはずです。この患者さんにはぜんそくの治療をさせていただき、「元気にお店をオープンしてくださいね」と言って送り出しましたが、新規オープンという一大イベントのために少しでも役に立てたかなと思うと感極まってしまいます。

当院の患者さんのなかにはプロのアスリートもいらっしゃいます。私たちがぜんそくの管理をしている方が世界で活躍されている姿を見ると、とても嬉しくなります。

病気は、その人の可能性を狭めてしまいます。**病気のせいで何かをあきらめることなく、好きなことに邁進し、その人の能力を存分に発揮して世界で活躍してほしい**というのが私たちの願いです。

■起業家としての社会貢献

私は、これまでの経験や知識をクリニックの診療以外でも社会に活かしたいという思いがあり、近い将来、起業もしたいと考えています。いくつか検討している事業があり、どの事業で起業するかを迷っている最中ではありますが、将来を担う子どもたちや、ぜんそくの患者さんの役に立つような取り組みで社会貢献できたらいいなと思っています。

開業から5年が経ち、スタッフや組織の成長を実感できるようになりました。ただ、私たちの目指す未来を実現するためには、まだまだ努力が必要です。これからもスタッフと協働しながら、当院の理念に共感していただける新しい仲間を増やし、より多くの患者さんに選ばれる医療を実践していきます。

おわりに
誰かをBOOSTする存在でありたい

最後までお読みいただき、ありがとうございました。この本では次の2点を念頭に執筆しました。

・多くの患者さんの健康維持をお手伝いすること
・人生で後悔しないこと

私一人だけの力で成し遂げられることは、どれだけあるでしょうか。開業当初は、「経営者は孤独なものだ」と孤軍奮闘に浸っているところがありました。でも、それは大きな間違いでした。いまではクリニックにかかわるすべての人と一緒に歩んでいます。

このクリニックで診てもらいたいと通院してくださる患者さん。

一番頼りになるクリニックを目指し、日々挑戦を続けている仲間たち。

小児から成人まで、多くの気管支ぜんそくの患者さんに貢献できると集まってくれた医師たち。

一人で生み出せる価値は一人分しかありません。力のかけ合わせで大きな価値の提供が可能になります。

私は、40歳を過ぎたときに、「人生が折り返したのかも！」と突然、焦燥感にかられました。

「これからもたくさんやりたいことがある！」

「まだ、大きなことは達成できていない！」

「最近、守りに走っていないか？」

いろいろなことを考え、これまでの軌跡を振り返ったとき、自分の経験を無駄にしたくないと強く思いました。蓄積したすべてのノウハウは、可能なかぎり患者さんの健康のために役立てたいと思っています。しかし、私一人で診察できるキャパシティは限られています。

そこで、私の経験を共有するためにこの本を出版することになりました。読まれた方が明日からの診療に何か役立ててくださるのであれば、直接診察していない患者さんのお役に立てるというわけです。こんなに嬉しいことはありません。

私はグロービス経営大学院に入学したとき、所属セクション（クラスのようなもの）のテーマを提案し、採用されたことがあります。セクションBだったため、Bのつく言葉を考えました。「うーん」と悩んで、ぱっと浮かんだのが「BOOSTER」でした。BOOST＋STARで、BOOSTし続けて、いつかSTARのように輝こうという願いを込めました。

そこからずっとBOOSTは私のテーマです。高める、成長する、励まし……。複数の意味がある言葉ですが、残りの人生で誰かをBOOSTする存在を目指したいと思います。

この本があなたをBOOSTする存在でありますように。

ありがとうございました。

２０２３年12月

著者

読者限定特典

開業医のための
エンゲージメント経営

本書を読んでいただき、ありがとうございました。

「これから開業したい」「クリニック経営で悩んでいる」

「呼吸器内科医のキャリアについて知りたい」など、本書の内容に共感していただいた方に、著者の岸本久美子先生より、「30分の無料相談」をプレゼントします。

下記QRコードからご応募ください

https://www.kumikokishimoto.com/

※特典は予告なく内容を変更、終了する場合があります

［著者略歴］
岸本 久美子（きしもと・くみこ）
医療法人社団ハピコワ会理事長、ハピコワクリニック五反田院長。東京都豊島区生まれ。2007年東邦大学医学部卒業。東邦大学医療センター大橋病院呼吸器内科、東芝病院（現・東京品川病院）内科などを経て、2018年にハピコワクリニック五反田（東京都品川区）を開業。その後、2022年に医療法人社団ハピコワ会を設立し、2023年に初の分院となる田町三田駅前内科・呼吸器内科・アレルギー科クリニック（東京都港区）を開設、統括院長に就任する。2023年グロービス経営大学院修了。「子どもから大人まで切れ目なく一貫した、専門性の高い医療を受けられるクリニック」を目指している。呼吸器専門医、アレルギー専門医、総合内科専門医、経営学修士（MBA）。日本テレビ『ZIP!』、TBS『ひるおび』『サンデージャパン』などメディア出演多数。

開業医《かいぎょうい》のための
エンゲージメント経営《けいえい》

2024年1月21日　初版発行

著　者　岸本久美子

発行者　小早川幸一郎

発　行　株式会社クロスメディア・パブリッシング
〒151-0051 東京都渋谷区千駄ヶ谷4-20-3 東栄神宮外苑ビル
https://www.cm-publishing.co.jp
◎本の内容に関するお問い合わせ先：TEL（03）5413-3140／FAX（03）5413-3141

発　売　株式会社インプレス
〒101-0051 東京都千代田区神田神保町一丁目105番地
◎乱丁本・落丁本などのお問い合わせ先：FAX（03）6837-5023
service@impress.co.jp
※古書店で購入されたものについてはお取り替えできません

印刷・製本　株式会社シナノ

　ISBN978-4-295-40928-1　C2034